一目均衡表を使いこなせばFXはラクに稼げる！

2020年最新版

standards

はじめに

基本から一歩先へ 一見難しそうだが、優秀な一目均衡表

一見難しそうだけど優秀な一目均衡表

ＦＸにおいてチャートを分析するテクニカル指標は実にさまざまな種類があります。そのなかでもよく使われているテクニカル指標が「一目均衡表」です。一目均衡表は一見するとラインの数が多いためテクニカルに慣れていない人には複雑に見えますが、勝っている投資家はこぞって使用しています。

なかでも、一目均衡表の「雲」は、その名のとおり、相場を一目で判断できることから非常に人気があります。一目均衡表のすべてを理解するのは大変ですが、雲だけ使ったことがあるという人も多いのではないでしょうか。しかし、雲を単独で使用するだけでは安定した利益を得ることは難しく、また、入門書で教えられたとおりにトレードしてもやはり、利益を得ることは難しいでしょう。だから

と言って一目均衡表が使えないテクニカル指標というわけではありません。実際に一目均衡表を使って稼いでいる投資家も大勢います。

違う点は、そういった人たちは入門書で教えているような基本的な使い方を踏襲しつつ独自の手法で利益を得ています。

たとえば、エントリーは一目均衡表に任せ、イグジットは他のテクニカル指標に任せたり、売買判断を独自の基準にしていたりと使い方はさまざまです。

もちろん、基本的な使い方を知ることは大事ですが、自分なりに勝てるキモとなるものが必要です。


しかし、いきなり独自の一目均衡表の使い方を自分ひとりの力だけで見つけるのは難しいでしょう。

そこで本書では、一目均衡表を使って稼ぐ５人の投資家から彼らなりの一目均衡報の見方や使い方、実際に使っている手法の解説、さらに実戦としてシチュエーション別のトレード内容を説明していきます。

すべての投資家の手法を真似することは難しいかもしれませんが、誰かひとりでも自分のトレードスタイルに合った手法があれば、真似することから始められるはずです。

一目均衡表を使った稼げるトレードも無理なく行うことができるでしょう。

本書の読み方

各章では、5人の投資家によるアドバイスを交え、一目均衡表というテクニカルを視点を変えて解説していきます。

第1章 稼いでいる人が一目均衡表で見るポイント

稼いでいる人は一目均衡表をどのように見ているのかなど、稼いでいる人と稼げていない人の違いを知りたい人に向けた解説を行います。

第2章　成功投資家たちの一目均衡表のパーツの見方

一目均衡表のパーツごとに投資家たち独自の見方について解説します。一般的に言われている見方や間違っていること、基本をベースに発展した使い方を知ることができます。

第3章　稼ぐ投資家の一目均衡表手法

一目均衡表を使って稼いでいる5人の投資家たちのトレード手法を完全公開します。自分に合ったトレード手法を見つけることができるでしょう。

第4章　シチュエーション別パターン分析

相場が大きく動いているとき、相場の動きが鈍いときなど計10パターンを選出しました。シチュエーションによって投資家たちのトレード内容を解説・分析していきます。

彼らの考え方を交えて一目均衡表の見方・使い方を解説します

一目均衡表で大きく稼ぐ投資家たち

向山茂さん

RSIを併用して押し目、戻り、雲ブレイクを狙う

FX歴▼11年

トレード期間▼中長期トレード

実績▼通算3500万円

坂井泉さん

相場の状況に合わせてふたつの手法を使い分ける

FX歴▼8年

トレード期間▼デイトレード〜中長期トレード

実績▼通算5600万円

花輪拓馬さん

MACDのクロスと雲を使ったトレード

FX歴▼9年

トレード期間▼デイトレード〜中長期トレード

実績▼通算6000万円

加藤淳也さん

三大理論を使いこなし、中長期トレードで勝負

FX歴▼8年

トレード期間▼中長期トレード

実績▼通算2300万円

三輪圭史さん

一目均衡表でエントリーしATRでイグジットを探る

FX歴▼11年

トレード期間▼デイトレード〜中長期トレード

実績▼通算1200万円

一目均衡表の真の使い方を知る前に基本の使い方を改めて知ることが大事！

一目均衡表の基本を再入門

一目均衡表の基本的な使い方を今一度知ろう

本書では、一目均衡表で稼ぐ投資家たちの見方や使い方を解説していきますが、その前に一般的な使い方をおさらいしていきましょう。

一目均衡意表とは一目山人（本名 細田悟一）によって1936年に考案されたテクニカル指標です。現在は海外の投資家にも「ichimoku」として親しまれています。

①基準線

一目均衡表は、次の5つの線で構成されています。

②転換線
③先行スパンＡ（先行スパン1ともいう）
④先行スパンＢ（先行スパン２ともいう）
⑤遅行線

また、先行スパンＡと先行スパンＢで囲まれた領域のことを「雲」と呼ばれています。ちなみに、先行スパンＡは基準線と転換線の参照期間をもとに計算されています。

まずはこの５つの線がそれぞれの線が何を意味し、どのように使えばいいのかを押さえていきましょう。

▼転換線と基準線での相場分析が基本

一目均衡表を使う上で①基準線と②転換線の関係を見ることが基本です。

基準線は直近のローソク足26本のローソク足の高値と安値の平均値、転換線は直近のローソク足９本の高値と安値の平均値を表します（それぞれの参照期間が初期設定の場合)。

計算式は異なりますが、機能的には移動平均線とほぼ同じです。また、移動平均線と比較すると、基準線や転換線は直線的な動きをしやすい傾向があります。

基本的に基準線は中期のトレンドを計るために使われ、転換線は短期のトレンドを計るために使われます。

それぞれの線が上を向いていたら上昇トレンド、線が下を向いていたら下降トレンドと判断します。

ちなみに、もみ合い相場時の基準線は傾きがなく、真横に推移する傾向があります。

また、ローソク足との位置関係も重要で、ローソク足より下で上向きならより強い上昇トレンド、ローソク足より上で下向きならより強い下降トレンドだと判断できます。

そのほかにも基準線が転換線よりも上にあれば上昇トレンド、基準線が転換線よりも下にあれば下降トレンドという見方もあります。

一目均衡表の基本的な使い方①

一目均衡表の構成

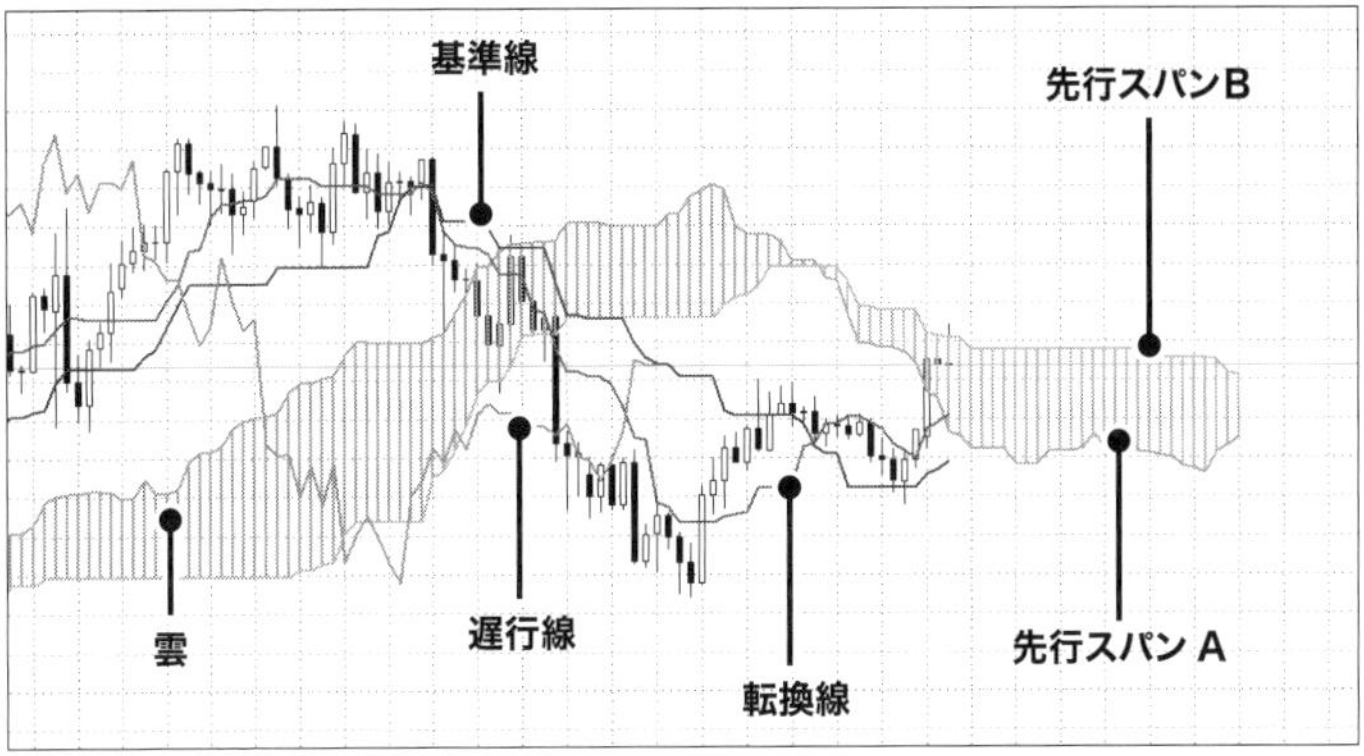

一目均衡表は基準線、転換線、先行スパンA（先行スパン 1）、先行スパンB（先行スパン 2）、遅行線の 5 本のラインで構成されている。また、先行スパンAと先行スパンBで囲まれた領域は雲と呼ばれている。

基準線と転換線の使い方

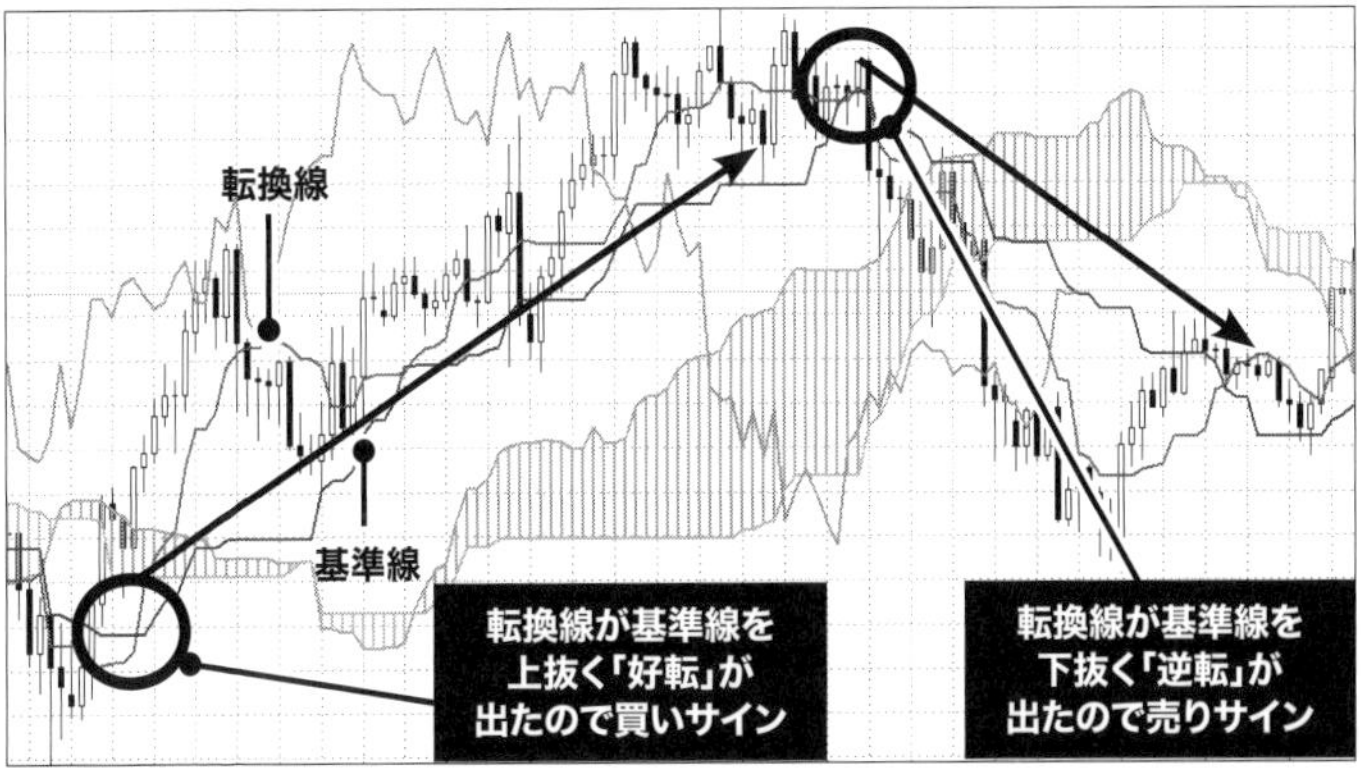

転換線や基準線の「好転」や「逆転」による売買サインは一目均衡表を使う上で基本となるサインだといわれている。

転換線と基準線のクロスはトレンド転換のサイン

転換線と基準線がクロスしているポイントはトレンド転換のサインです。転換線が基準線を下から上に抜いたときは「好転」と呼ばれ「買いサイン」、上から下に抜いたときは「逆転」と呼ばれ「売りサイン」となります。また、好転したあとに基準線と転換線が上向き、逆転したあとに下向きならより強い売買サインだとされています。

このふたつのサインを利用したトレードが初心者向きだといわれています。

「雲」とローソク足から相場を分析する

11ページで説明したように先行スパンAと先行スパンBで囲まれた領域は「雲」と呼びます。「雲」はその見た目のわかりやすさからも人気で、なかには基準線や転換線、遅行線を使わず雲だけを利用している投資家もいるほどです。

雲の使われ方として代表的なのは抵抗線・支持線としての使われ方です。雲がローソク足の下にあるときは下値支持線として使われ、雲がローソク足の上にあ

一目均衡表の基本的な使い方②

雲のねじれ

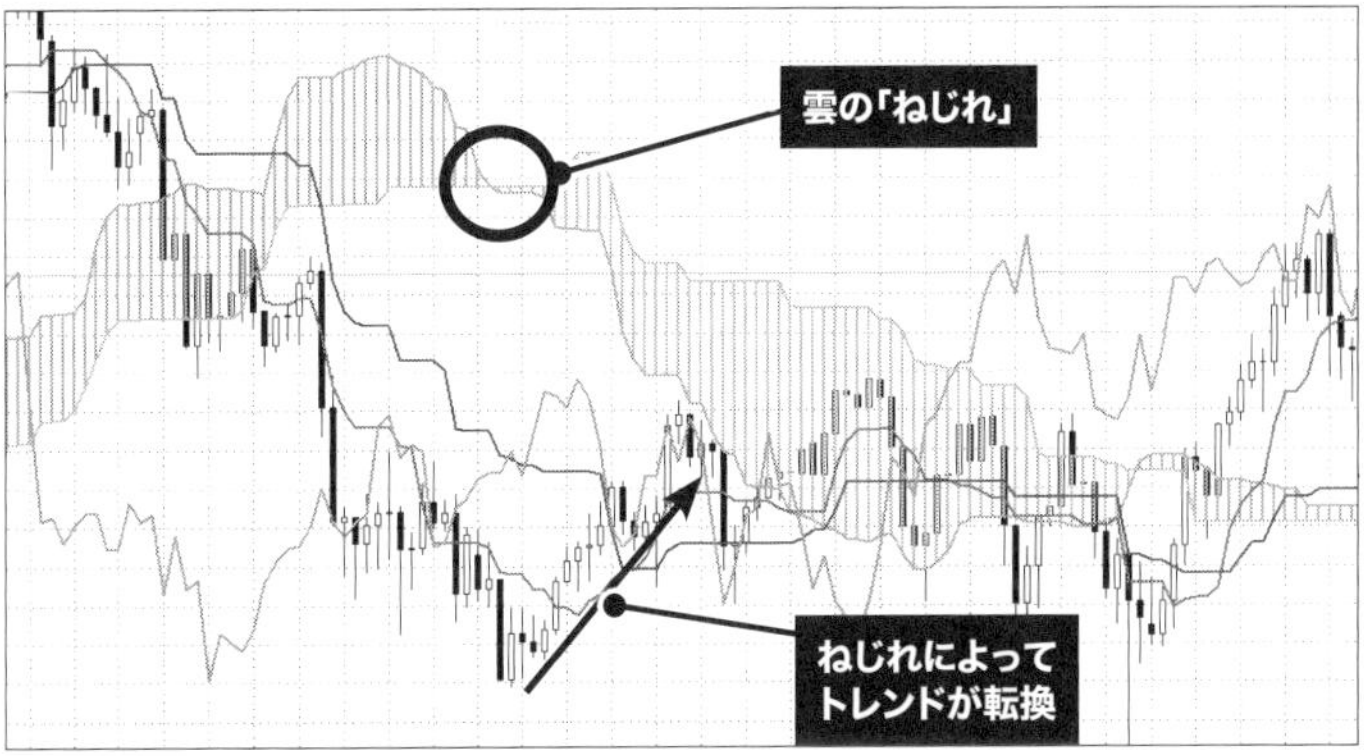

雲のねじれによるトレンドの変化はトレンドが転換するだけでなく、トレンドが加速したり、トレンドが弱まる、もみ合い相場になるなどの変化の場合もある。

るときは上値抵抗線として使われます。

また、ローソク足が雲をブレイクした場合はブレイクした方向にトレンド転換する可能性が高いため、強力な売買サインとして人気があります。

「雲」の厚さに注目する

雲は先行スパンAと先行スパンBの動きによって厚くなったり薄くなったりしますが、この「厚さ」が重要な情報です。前述したように雲は抵抗帯や支持帯として機能しますが、雲が厚いほど強く作用します。そのため雲が厚ければ反発を狙ったエントリーも有効です。ローソク足が雲で反発せずにブレイクした場合はトレンド転換のサインになります。

また、ローソク足が雲の中を推移しているときは、その雲の範囲内でのもみ合い相場になることが多いとされています。

先行スパンAと先行スパンBがクロスしているポイントは「ねじれ」と呼ばれ、相場の「変化日」になるといわれています。変化日とはトレンド転換だけでなく、トレンドが加速したり、トレンドが弱まることも含まれています。いずれにしても相場に「変化」があるタイミングなので注意が必要です。

現在と過去の相場を比較する遅行線

遅行線は現在の価格を26本前に表示させる線です。今の相場と26本前の相場の動きを一目で比較することができます。使い方は、遅行線がローソク足の上にある場合は「買い圧力が強い」、ローソク足の下にあれば「売り圧力が強い」と判

一目均衡表の基本的な使い方③

遅行線のサイン

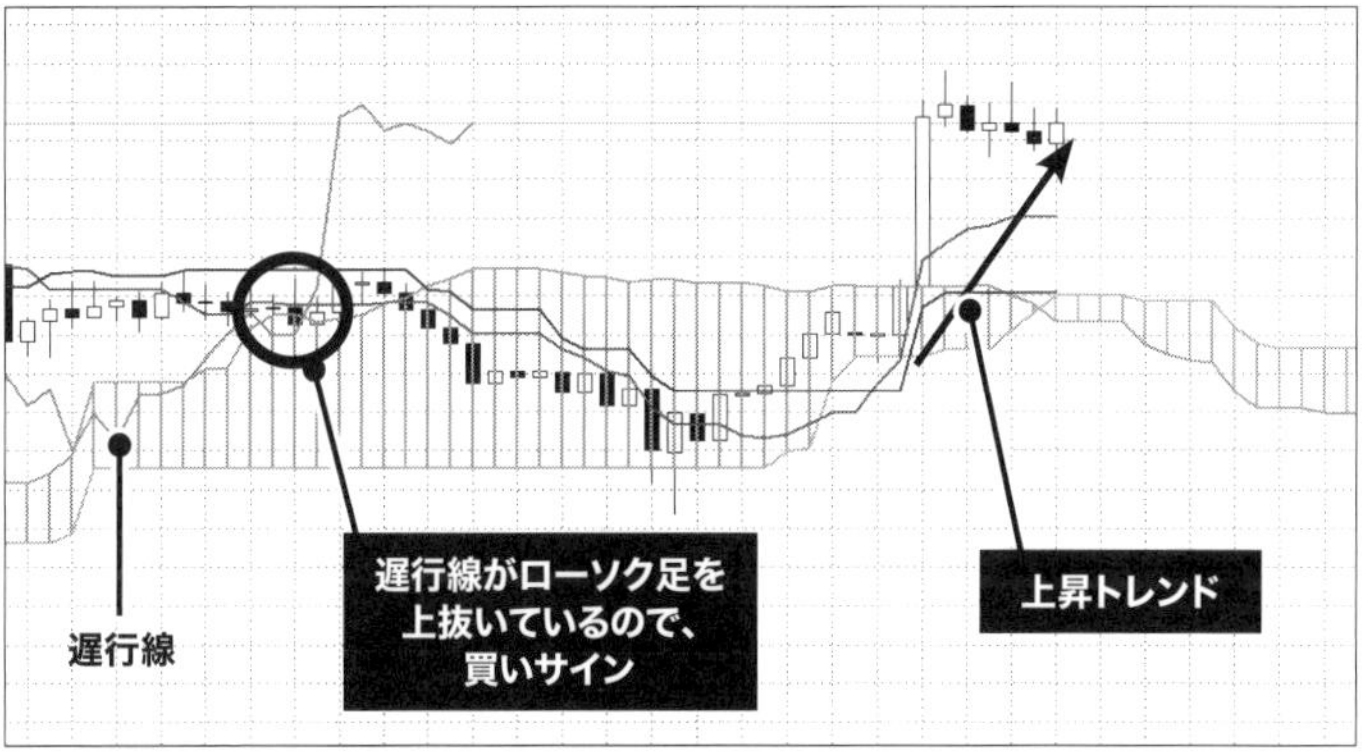
遅行線
遅行線がローソク足を
上抜いているので、
買いサイン
上昇トレンド

遅行線がローソク足を上に抜けたときは、現在のトレンドが上昇トレンドになりやすい。下に抜けた場合は、下降トレンドのサインとなる。

断します。

また、遅行線がローソク足を下から上に突き抜けた場合は「好転」と呼ばれ買いサイン、上から下に突き抜けた場合は「逆転」と呼ばれ売りサインとされています。

三役好転と三役逆転は強力な売買サイン

一目均衡表には三役好転、三役逆転と呼ばれる強力なサインがあります。

三役好転とは

①転換線が基準線を上抜く

②ローソク足が雲を上抜く
③遅行線がローソク足を上抜く

この３つを満たしたときを指し、強力な買いサインとなります。

一方、三役逆転は

①転換線が基準線を下抜く
②ローソク足が雲を下抜く
③遅行線がローソク足を下抜く

この条件を満たしたときに強力な売りサインとなります。出現しにくいサインですが、見つけたらトレードしましょう。

▼相場を分析する三大理論

一目均衡表は５本のラインによる相場分析以外にも、以下の３つの理論を使った相場分析も行えます。

「時間論」

一目均衡表の基本的な使い方④

三役好転

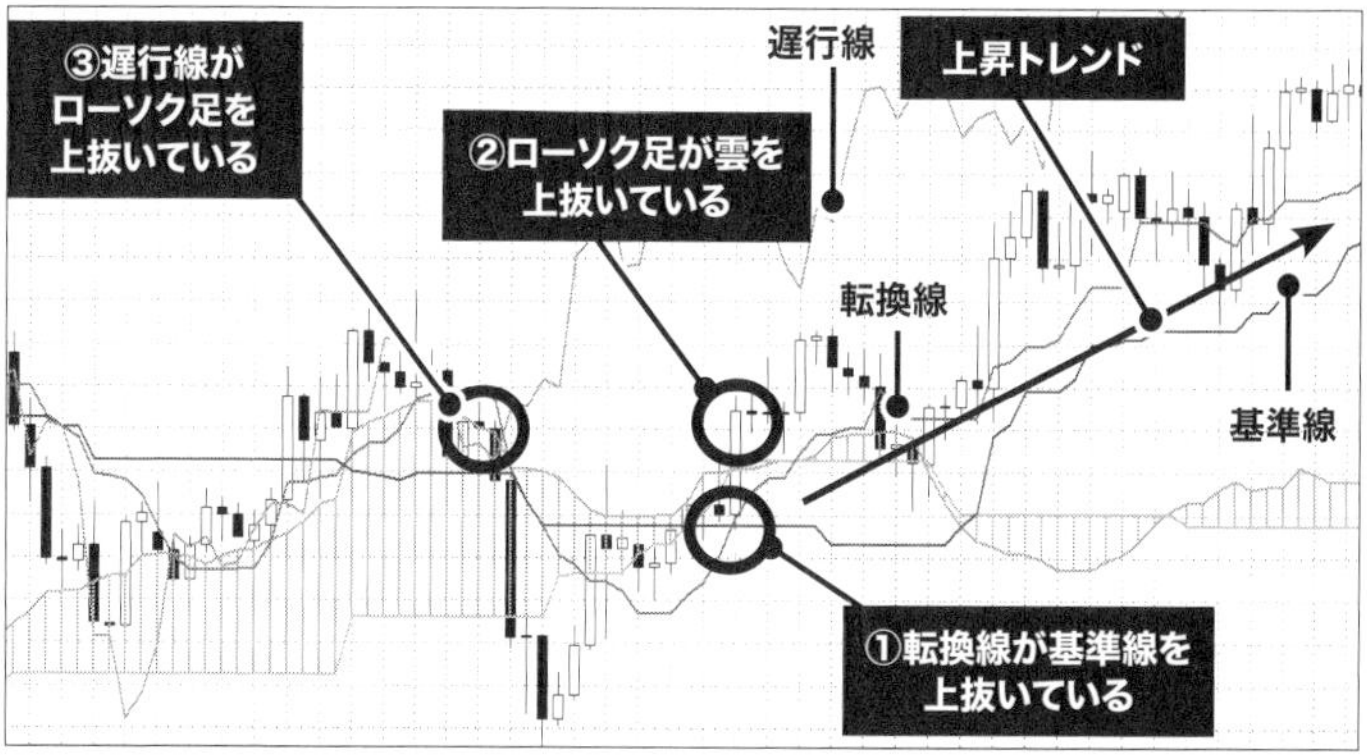
③遅行線が
ローソク足を
上抜いている
遅行線
上昇トレンド
②ローソク足が雲を
上抜いている
転換線
基準線
①転換線が基準線を
上抜いている

①、②、③を同時に満たした状態のことを三役好転という。強力な上昇トレンドが発生しやすい買いサインとなる。

「波動論」
「値幅観測論」

これらの理論は一目均衡表の生みの親である一目山人によって考案されたもので、三大理論と呼ばれています。

この3つの理論を使うことで、相場が転換するタイミングや相場がどのように動くのか、上値や下値はどこになるのかがわかります。

完璧に理解することは難しいので、まずはそれぞれの理論について、基本的な考え方から学んでいきましょう。

▼相場が変化する日を見極める時間論

時間論とは、「一定の間隔で相場が変化する」という考え方です。相場の変化とはトレンドの転換や終了だけではなく、トレンドの加速や減速なども意味します。

相場が変化するタイミングは「基本数値」と呼ばれる「9」「17」「26」で変化すると、長年の研究の末、一目山人が導き出しました。

基本数値の使い方は、ローソク足が９本、17本、26本のタイミングで相場が変化するというものです。時間論の基本数値を把握しておくことにより、トレンドの転換などのタイミングを推測することができます。

時間論の基本数値と複合数値

9	51
17	65
26	76
33	226
42	675

対等数値

変化するまでの期間が同じという考え方

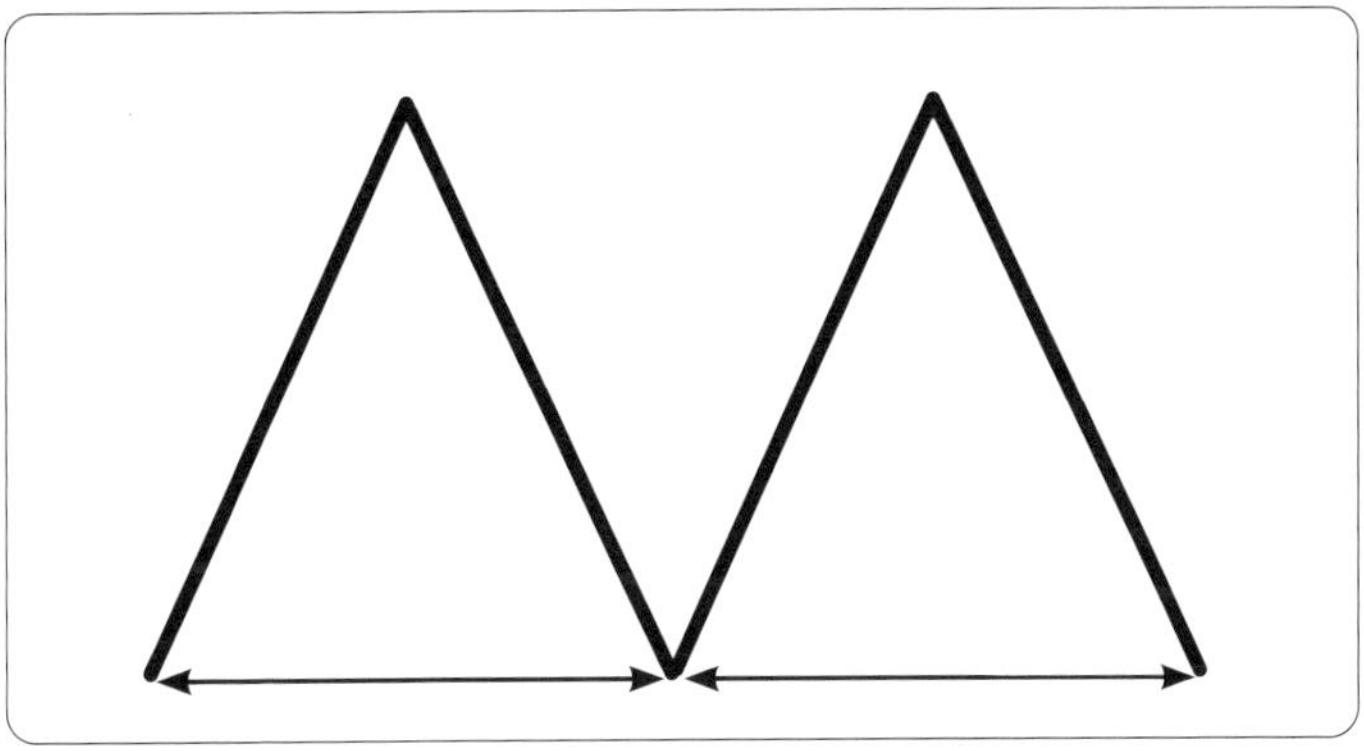

変化するまでにかかった期間が次に変化するまでの期間の目安になるという考え方。期間だけでなく、値動きも同一になるという考え方もある。

たとえば、上昇トレンドがローソク足8本分続いたときに、次のローソク足は基本数値の9になるため、「そろそろこの上昇が止まったり、加速、減速する可能性がある」と判断することができます。

また、基本数値以外にも、基本数値を組み合わせた複合数値というものもありますが（右図参照）使い方は基本数値と変わりません。

時間論には対等数値という考え方があります。

対等数値とは、過去の相場で変化するまでにかかった期間が、次の変化日の目安になるという考え方です。

たとえば、ローソク足17本で相場が変化した場合、つぎに変化するのも17本後と考えます。対等数値は、基本数値のように決まった数値はありませんが、結果的に基本数値となる場合がよくあります。

▼波動論でどのように動くのかを分析

時間論では、どのタイミングで相場が変化するのかがわかりますが、どのように変化するのかはわかりません。

そこで役立つのが波動論です。波動論は価格の動きを波として捉える考え方です。

波動論のもっとも基本的な波動はI波動、V波動、N波動の3つです（左ページ参照）。このなかでも、N波動は最も重要な波動です。一目均衡表においては、「すべての波動はN波動に集約される」と考えるからです。つまり、3つのI

一目均衡表の波動論

●I波動

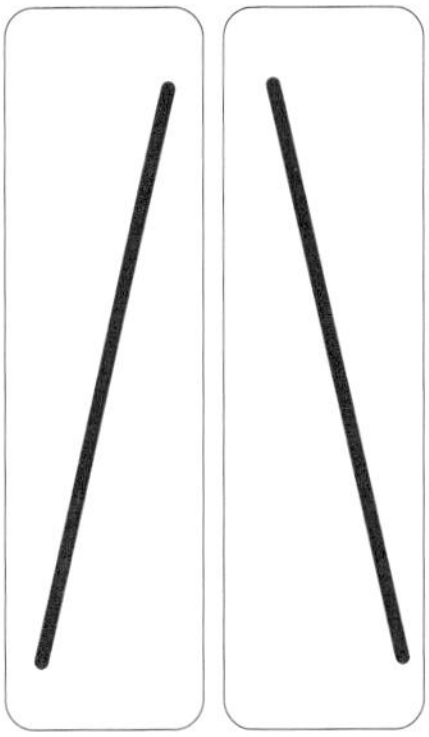

上昇または、下降している形。波動の最小単位とされている。

●V波動

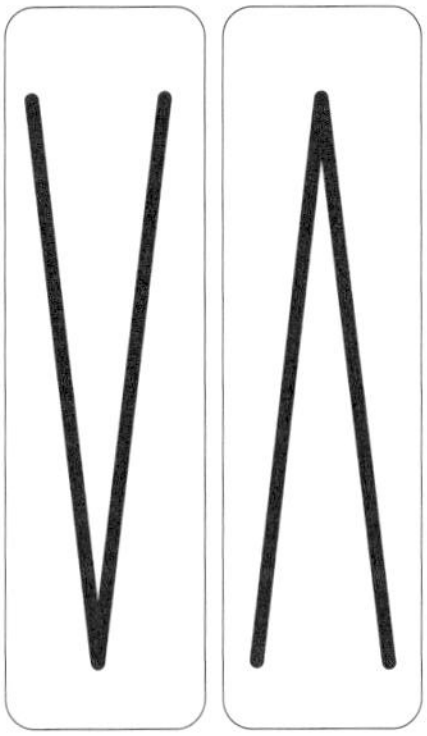

値を下げたあと、V字に上昇している波動。または、値を上げたあと、逆V字に下降している波動。

●N波動

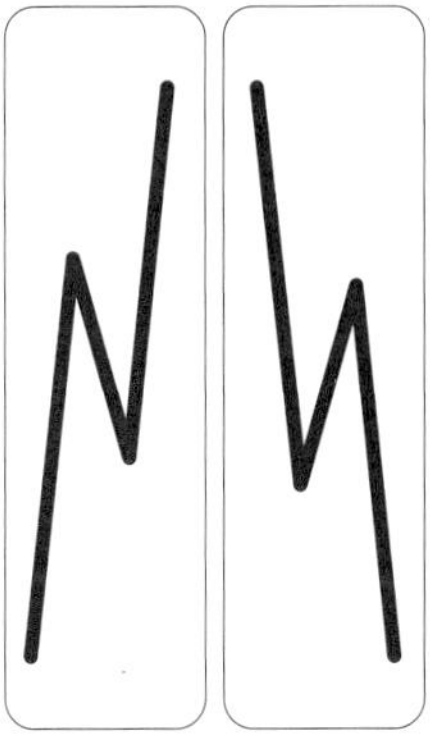

上昇→下降→上昇または、下降→上昇→下降でそれぞれ高値と安値を更新する。

N波動の連続で相場が作られる

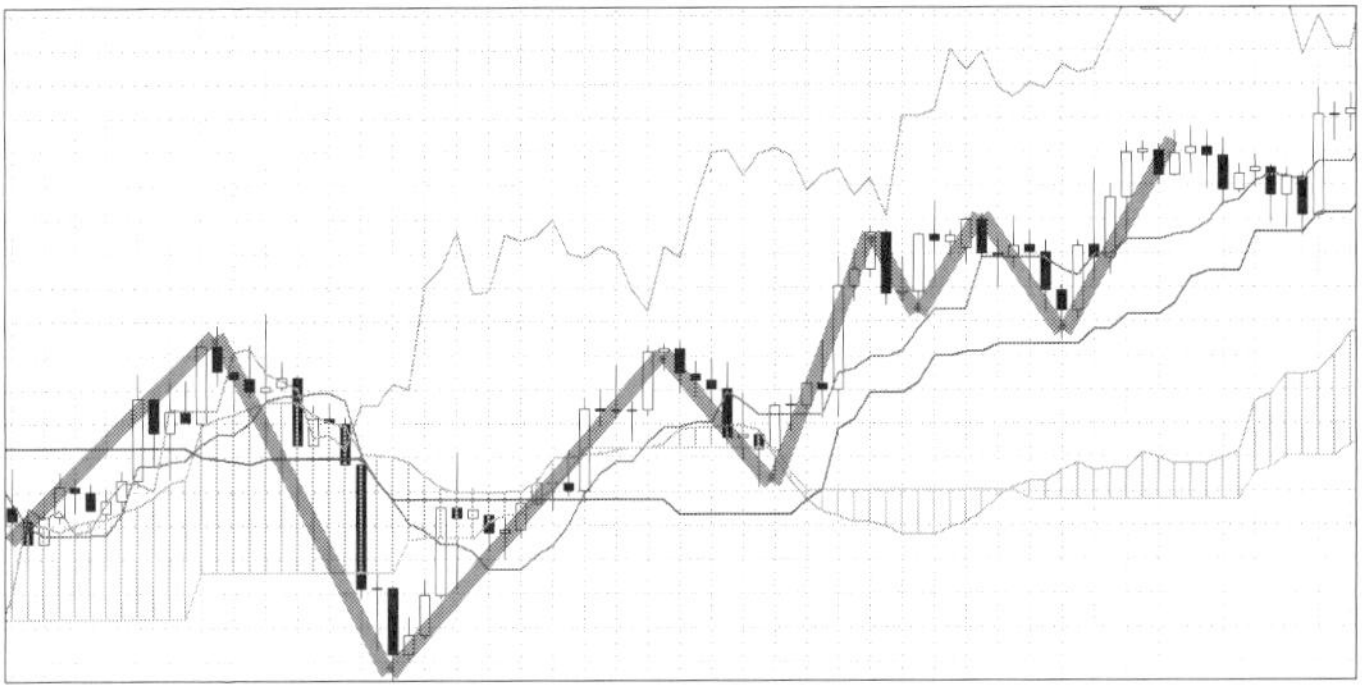

相場はN波動を描きながら推移する。そのため、すべての波動はN波動に集約されるともいわれている。

波動の組み合わせやふたつのＶ波動の組み合わせでＮ波動の形になります。そのため、Ｎ波動がもっとも重要だと考えられているわけです。

相場はＮ波動の連続によって形成されていくので、どのようなＮ波動で相場が動いているのかを見ることが重要です。

このほかにもＹ波動やＰ波動、Ｓ波動といった少し複雑な形の波動もありますが（左ページ参照）、これらもＮ波動がベースになっています。

▼値幅観測論で上限下限を分析する

時間論で相場が変化するタイミング、波動論で相場の動き方を分析したら最後に値幅観測論で相場が今後どこまで価格が上昇するのか、下降するのかを分析します。

値幅観測論では、「動いた値幅の変動分、価格が推移する」という考え方をします。直近の高値や安値を使い、Ｖ計算値、Ｎ計算値、Ｅ計算値、ＮＴ計算値の４種類の計算方法があります（27ページ参照）。

特殊な波動

●Y波動　●P波動　●S波動

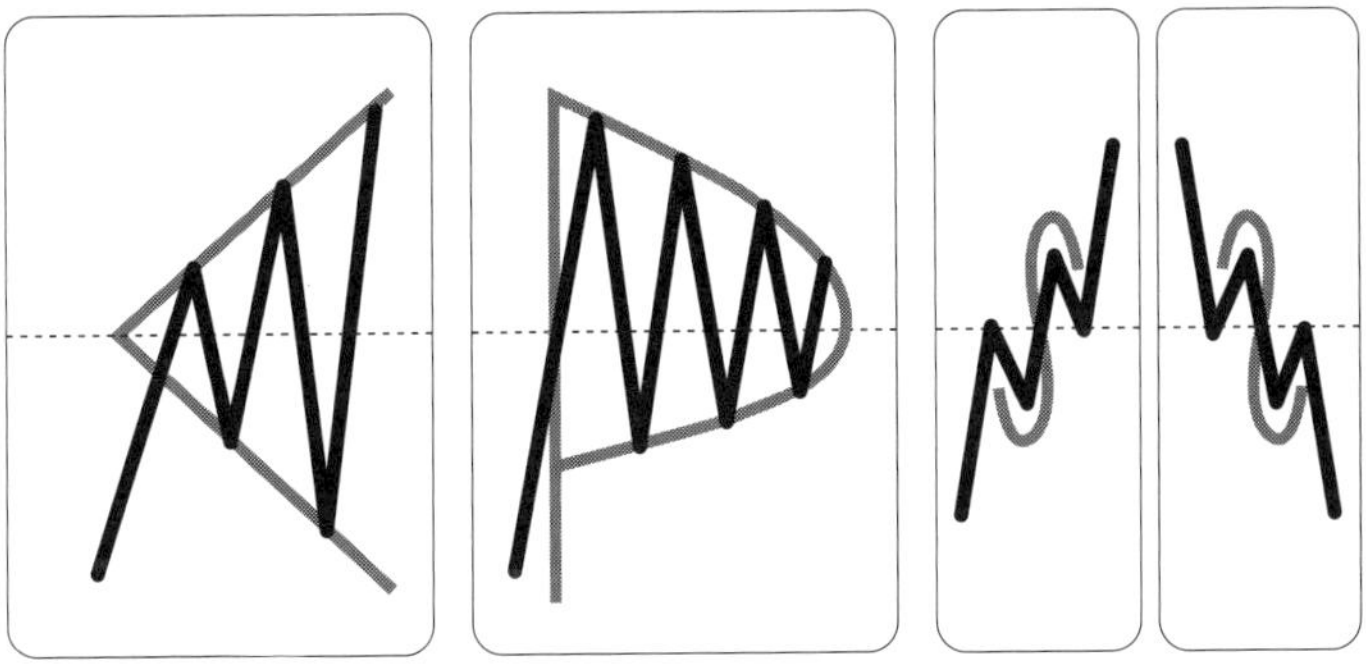

上値が切り上がり、下値が切り下がり、上下の幅が拡大していく波動。いずれ上下どちらかに放たれる。

上値が切り下がり、下値が切り上がり、上下の幅が縮小していく波動。いわゆる三角持ち合いの形。いずれ上下どちらかに大きく動く。

下降（上昇）した相場が以前の高値（安値）で反発し、大きく上昇（下降）する波動。

計算に使われるＡはＮ波動の開始地点。ＢやＣはＮ波動を形成中の高値や安値の値を使います。

値幅観測論においては、計算値のタイミングで相場の変動が止まるというものではなく、現在の価格からもっとも近い計算値を最初のターゲットにして、その価格を抜けたら次のターゲットを考えるといったようにどのように相場に反応するのかを考えていきます。

たとえば、上昇トレンド中にＶ計算値で１０５円、ＮＴ計算値で102円、N計算値で104円、R計算値で106円と値を計算した場合、最初のターゲットはNT計算値の102円にして102円を突破したら104円、105円、106円と次のターゲットを考えていきます。

これは、エントリーやイグジットに応用できます。計算値のタイミングで相場が変化するため、そのタイミングを狙ったエントリーやイグジットが行えます。

▼一目均衡表と三大理論で総合的に考える

一目均衡表ではこれまで紹介した各ラインと三大理論を使って総合的に相場を判断します。

たとえば、一目均衡表の三役好転で買いサインでエントリーしたら、どのタイミングで相場が変化（＝イグジット）するのかを時間論で考えたり、イグジットのターゲットの価格を値幅観測論で判断できます。また、相場の動きが判別できないときは波動論に当てはめて考えるといった使い方もできます。

一目均衡表の雲だけ、基準線だけ、波動論だけではトレードすることは難しい

値幅観測論の計算値

●V計算値

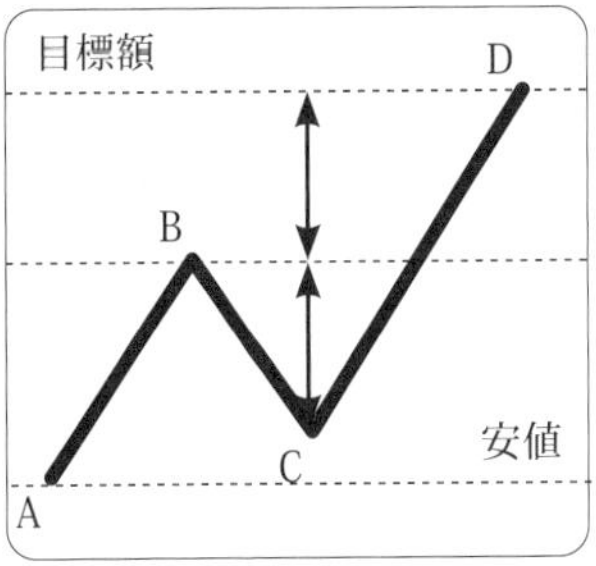

D = B+（B − C）
押し目までの値段の 2 倍の値が上昇する。

●N計算値

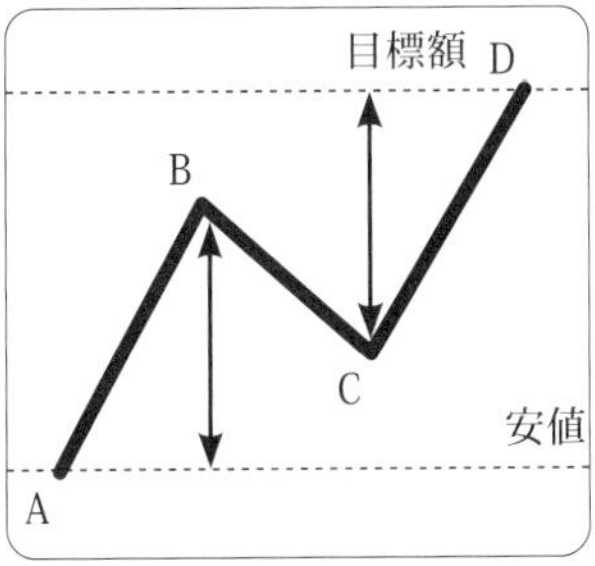

D = C+（B − A）
いったん下げた C から、A から B までと同等の値を上げる。

●R計算値

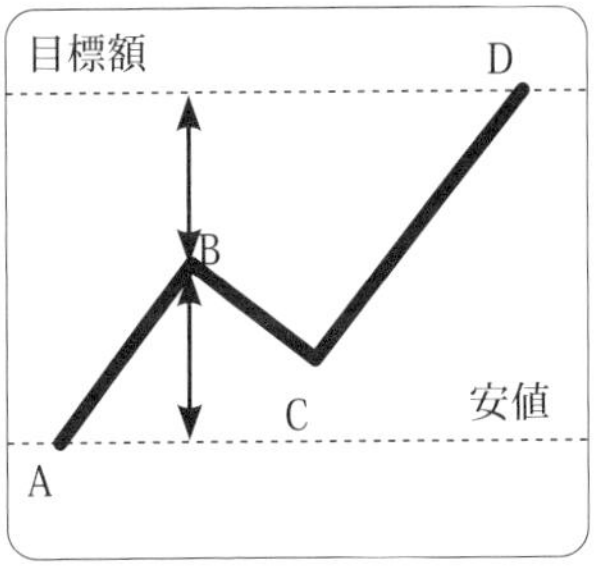

D = B+（B − A）
A から B までと同じ値幅で動く。

●NT計算値

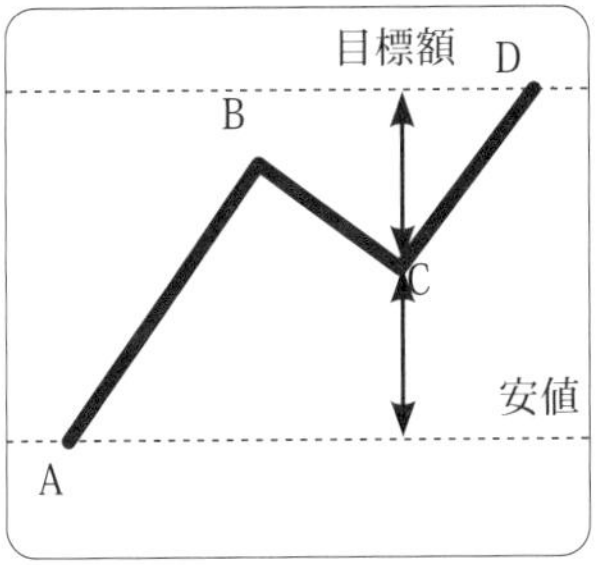

D = C+（C − A）
A から C までの同じ上げ幅で値が動く。

たとえば、A = 100 円、B = 103 円、C = 101 円の場合、
V 計算値は 105 円、N 計算値は 104 円、R 計算値は 106 円、NT 計算値は 102 円と計算できる。

ですが、総合的に考えることでエントリーからイグジットまでを行えることが一目均衡表の強みです。

以上が一目均衡表の基本的な使い方になります。

一目均衡表を使って稼ぐ投資家ならではの使い方や見方は第2章以降で解説しているので参考にしてください。

目次

第2章 成功投資家たちの一目均衡表のパーツの見方

第4章

必ずお読みください

FXはリスクをともなう金融商品です。本書で紹介している内容によっての投資の結果に著者、および出版社は責任を負いません。実際の投資を行う際にはご自身の責任においてご判断ください。

第1章

稼いでいる人が一目均衡表で見るポイント

なぜ一目均衡表が多くの投資家に使われているのか？　同じ一目均衡表なのに負けている投資家がいるのはなぜなのか？　どこに違いがあるのか？　これらについてまずは確認していこう。

01

なぜ稼いでいる人は一目均衡表を使うのか？

「雲」の使いやすさが一目均衡表を使う理由

本書で紹介する投資家たちが一目均衡表を使ってトレードする最大の理由は「雲」の使いやすさだと口を揃えて言います。

雲とは先行スパンAと先行スパンBに囲まれた部分を指し、その厚みで抵抗線・支持線としての強弱を測ります。

雲が厚ければ厚いほど、抵抗線・支持線としての機能が強力になるため、雲を使った押し目買いや戻り売りを狙いやすくなります。

逆に、雲が薄ければ抵抗線・支持線としての機能は弱くなりますが、ローソク

【抵抗線・支持線】

抵抗線は、上昇トレンド時にその位置までローソク足が上昇するといったん反発する可能性が高い線のこと。支持線は下降トレンド時にローソク足が下落するといったん反発する可能性が高い線のこと。

足が雲を突き抜ければその方向に大きく動くので、その動きを狙ったトレードができます。

雲はトレードに利用するだけでなく、視覚的に相場状況を判断しやすい点も使いやすい理由のひとつです。

前述したように、雲の厚さで抵抗線・支持線としての強弱がわかるため、チャートを見たときに、雲が厚ければトレンド継続、雲が薄ければトレンド転換の可能性が高いと判断できます。

雲の使いやすさが最大の特徴

一目均衡表を使うのは、雲の使いやすさが大きな理由です。一目で抵抗線・支持線としての強弱がわかるのは他のテクニカル指標にはない特徴です。トレードに使うだけでなく、雲の厚さを見るだけで相場状況を分析できるのも使っている理由です。（向山茂さん）

▼雲以外のラインも使いやすい

一目均衡表の強みは、各ラインがトレードの基準としても使いやすい点もあります。

雲だけでなく、基準線や転換線も抵抗線・支持線として機能します。

そのため、雲で相場判断を行い、基準線や転換線でトレードするといった使い方もできます（各ラインの使い方は10ページ参照）。

雲以外のラインも抵抗線・支持線になる

雲以外の線も優秀な抵抗線・支持線として機能します。雲ではトレードの判断がしにくい状況のときなどは基準線や転換線を使うという手もあります。一目均衡表のラインを使いわけることで、単体でエントリーからイグジットまでを完結できる点も優秀だと思います。（加藤淳也さん）

雲が使いやすい

雲の厚さによって抵抗線・支持線としての機能の強弱がわかる

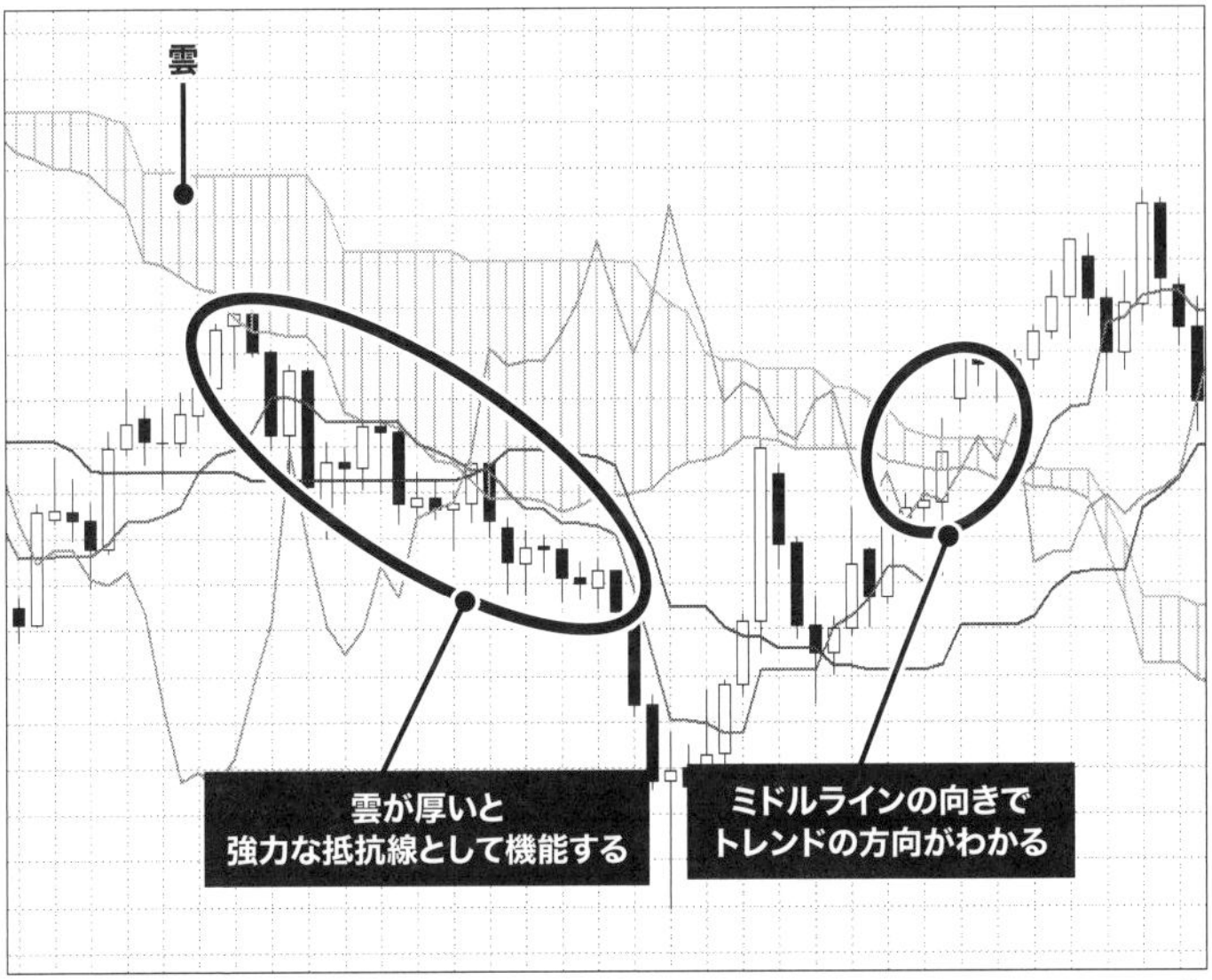
雲
雲が厚いと
強力な抵抗線として機能する
ミドルラインの向きで
トレンドの方向がわかる

一目均衡表の雲はその厚さで抵抗線・支持線としての強弱を判断できる。トレードに使うだけでなく、相場分析も簡単に行える点も優秀。

基準線や転換線も
優秀な機能を持つ

POINT

雲の厚さで相場分析

直近の雲が厚ければトレンド継続、雲が薄ければトレンドが転換する可能性が高いと判断できます。一目で相場状況を判断できるのも大きなポイントです。。

雲の厚さや基準線の位置を注視したうえで考えよう

02

同じ一目均衡表なのになぜ負けるのか？

「雲」の厚さをしっかりと確認する

同じ設定の一目均衡表を使ってトレードしても、負けてしまう人と、勝てる人に分かれます。この差はどこにあるでしょうか？ それは「雲の厚さを見ないことが原因」だと本書で紹介する投資家たちはいいます。

坂井さんは「雲が薄いにもかかわらず、雲での反発を狙って逆張りをしてしまったり、雲が厚いのに雲の中を進むローソク足を見てトレンドが反転したと勘違いして順張りをして、負けてしまう人が多い」と指摘します。

雲が薄いときは雲をブレイクする可能性が高いことを考えながらトレードを行

い、雲が厚いときは、押し目・戻りの可能性が高いと考えながらトレードを行うだけでも勝率は大きく変わります。

「最低限、基準線とローソク足の位置関係を確認しておけば、負けにくくなります」と語るのは花輪さんです。

ローソク足が基準線より上にあれば買いの勢いが強く、ローソク足が基準線よ

雲の厚さに注目

雲の状況を見ることはもっとも重要です。雲が厚ければそれだけ抵抗線・支持線としての機能が強力だと判断できます。これは、トレンドが継続する可能性が高いと考えられます。逆に雲が薄ければローソク足が雲を突き抜けやすくなるため、トレンドが転換する可能性が高いと分析できます。（坂井泉さん）

り下にあれば売りの勢いが強い、ローソク足が基準線上にあれば買いと売りの勢力が拮抗した状態と判断できます。当たり前ですが勢いが強い方向についていくようにトレードをすれば、負けにくくできます。

また、トレードするチャートよりも長期のチャートを見て、トレンドの方向性を確認することも重要です。

損切りルールをしっかり守るといった基本的なことも負ける人と勝てる人との差となっています。

基準線の位置を確認しよう

基準線は上昇トレンド時ではローソク足の下、下降トレンド時はローソク足の上を推移します。そのため、基準線の位置にあわせてトレードを行えば負けにくくなります。また、ローソク足が基準線をブレイクしたタイミングは、トレンド転換のサインになります。（花輪拓馬さん）

基準線とローソク足の位置関係に注目

基準線の位置でトレンドを確認する

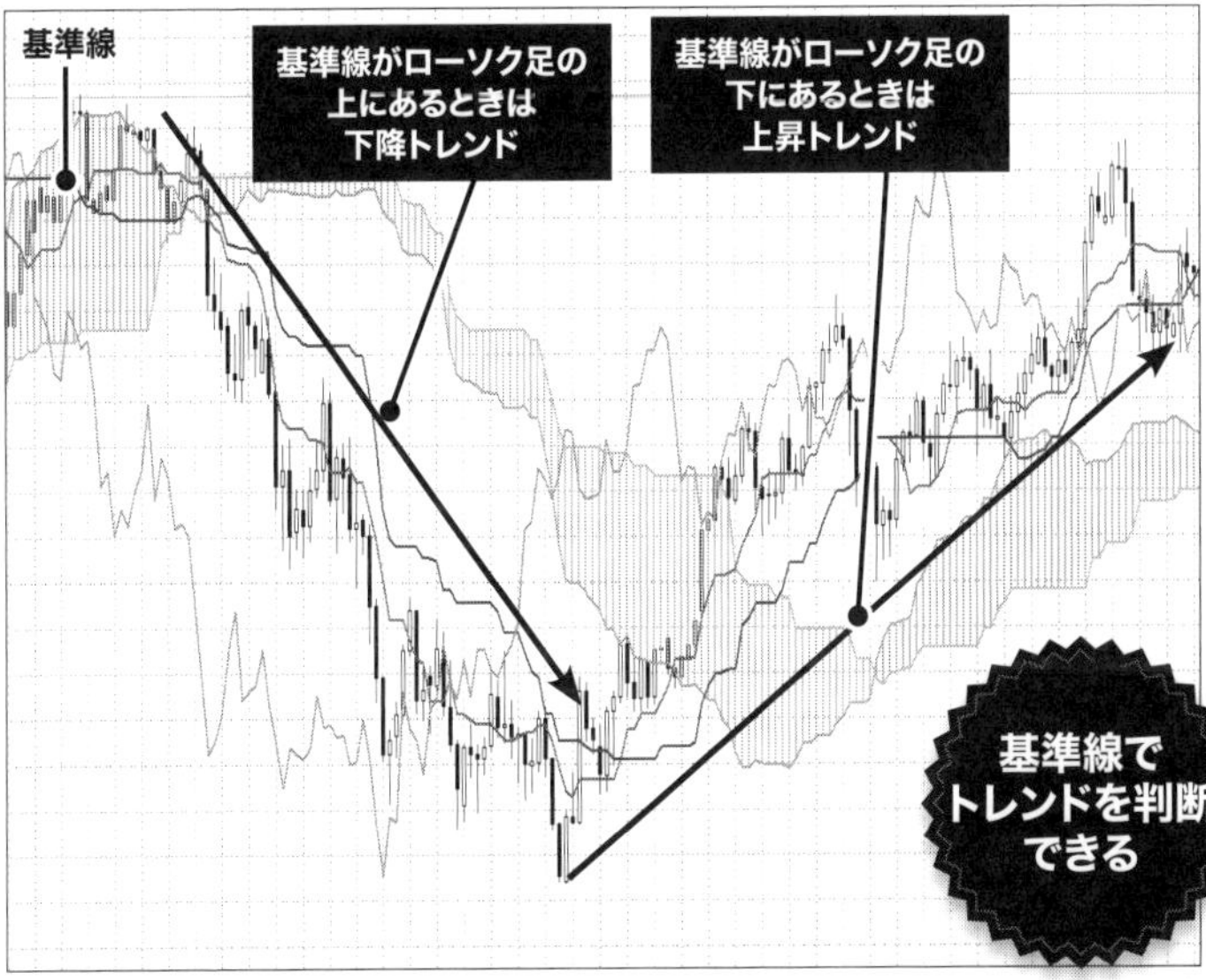
基準線
基準線がローソク足の上にあるときは下降トレンド
基準線がローソク足の下にあるときは上昇トレンド
基準線でトレンドを判断できる

基準線の位置で現在のトレンドを確認できる。細かい売買をしたいときのエントリーやイグジット基準としても役立つ。

相場分析をしっかり行ってトレードしよう

POINT

トレンドの方向性をチェック

雲の厚さでトレンドが継続するか転換するかを判断し、基準線の位置に合わせた売買をすることで負けにくいトレードができる。

03
初心者は一目均衡表をどのように見ればいいのか？

まずは「雲」の動きを理解していこう

これから一目均衡表を使ってトレードしたいという人はまず、「雲」と「ローソク足」の関係性から確認していくことが大事だと本書で紹介する投資家たちは考えます。

一目均衡表は、完璧に理解することが難しいテクニカル指標です。そのため、まずは視覚的にもわかりやすく、単体でも使いやすい「雲」から理解していきましょう。特に雲の厚さでローソク足がどのように反応するのか、雲でローソク足が反発するときはどのタイミングが多いのかなどは、自分の目でしっかり確かめ

【ダマシ】
売買サインどおりに相場が動かない状態を指す。いかにして、ダマシを避けてトレードするのかが勝つための課題となる。

ておくべきです。

まずは雲とローソク足の関係性を確認

いきなりすべてのラインを使いこなすのは難しいので、まずは雲とローソク足の関係性を確認していきましょう。雲がどれくらいの厚さになれば反発しやすいのか、ローソク足が雲を突き抜けるときはどんな挙動をしているのかなどを確認していけば、売買のタイミングがわかってくるはずです。(三輪圭史さん)

▼長期チャートで動き方の基本を学ぶ

「雲」とローソク足の動きを確認するときは、4時間足や日足などの長期チャートを利用しましょう。

一目均衡表に限った話ではないですが、テクニカル指標は長期チャートのほうが「ダマシ」が少なくなります。テクニカル指標の基本的な動き方を知ることが目的なので、まずは長期チャートに一目均衡表を表示させましょう。

14ページで「雲」とローソク足の関係性について解説しているので、長期チャートの「雲」とローソク足の動き方を見ながら確認していくといいでしょう。

長期チャートでの確認が終わったら徐々に短い時間足に切り替え、時間足ごとの動きの特徴をつかんでいきましょう。

4時間足や日足などの長期チャートを確認

1分足チャートや5分足チャートなどの短期チャートはダマシが多いため、一目均衡表の基本的な動きをチェックするには向いていません。まずは、ダマシが少ない4時間足や日足などの長期チャートを使って一目均衡表の基本的な動きを確認していきましょう。（加藤淳也さん）

長期チャートで動きを確認

日足チャートに一目均衡表を表示してみよう

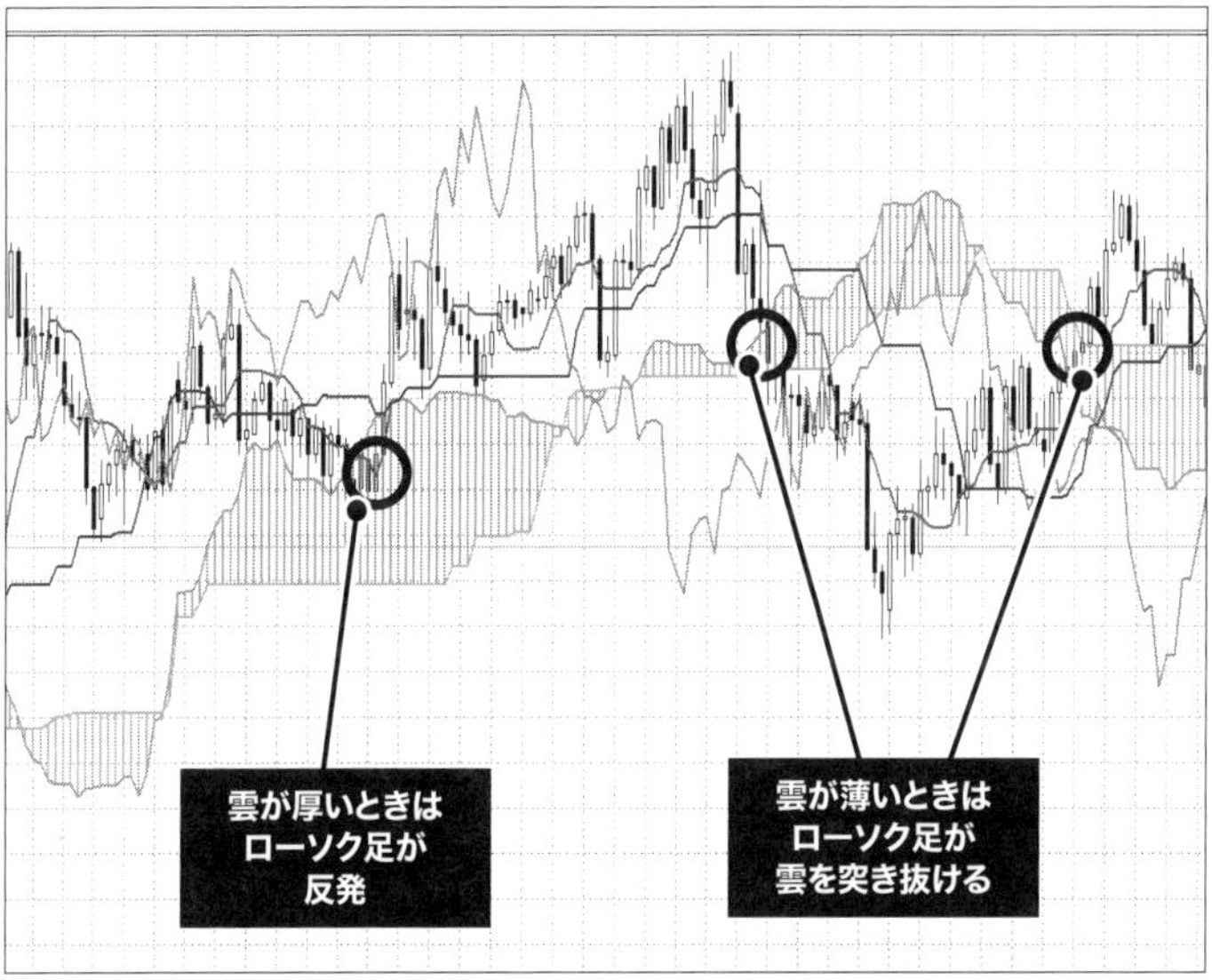
雲が厚いときは
ローソク足が
反発
雲が薄いときは
ローソク足が
雲を突き抜ける

長期のチャートはダマシが少ない傾向があるので、基本的な雲とローソク足の動きを確かめるのに適している。

動き方の基本を
しっかり確認しよう

POINT

各時間足の特徴を確認しよう

短期チャートでトレードする場合は、長期チャートから徐々に時間足の期間を短くしてそれぞれの時間足の特徴を確認していこう。

04 雲のどこで反発するかはわからない

▼雲のどの位置で反発するかはわからない

一目均衡表は雲で反発したタイミングを狙った手法を使う人が多いですが、ローソク足が反発した状態で確定したことを確認してからエントリーすることが重要です。

ローソク足が雲で反発するときは、雲のどの位置で反発するかわかりません。雲を形成する先行スパンAや先行スパンBのライン上で反発する可能性もあれば、雲の中で反発する可能性もあります。

そのため、上昇トレンド中の反発を狙って確定前に売りエントリーしてしまうと予想以上にローソク足が上昇してしまい利益が大幅に少なくなったり、損失を出してしまう可能性が高くなります。

一方、反発を確認してからのエントリーであれば、確認前にエントリーすることと比べて損失を出す可能性は低くなります。

▼他のテクニカル指標でタイミングを計る

雲が厚ければ厚いほど反発する可能性が高くなりますが、厚い雲の中で反発す

反発を確認してからエントリーする

雲での反発を狙ったトレードの場合、雲のどこで反発するかがわからないため、しっかりと反発を確認してからエントリーすることが重要です。反発が確定する前にエントリーしてしまう人がいますが、損失の可能性を高めるだけなのでやめましょう。（向山茂さん）

るタイミングを計るのはより難しいといえます。

そのため、雲でローソク足が反発するタイミングを狙う手法を使うときは、他のテクニカル指標を使うのも有効です。売買タイミングが計りやすいオシレーター系指標を併用すれば、反発のタイミングがわかりやすくなります。

実際に本書で紹介する投資家たちもＭＡＣＤやＲＳＩなどを一目均衡表と併用してトレードを行っています。

売買タイミングは他のテクニカルに任せる

雲の反発でエントリーするには工夫が必要です。雲が厚くなるほど、抵抗線・支持線としての機能が高まりますが、どのタイミングで反発するかはわかりません。そこで、オシレーター系指標と併用するなどして、反発のタイミングを見極める基準を用意しましょう。（花輪拓馬さん）

ローソク足が雲で反発するタイミング

雲のどこで反発するかはわからない

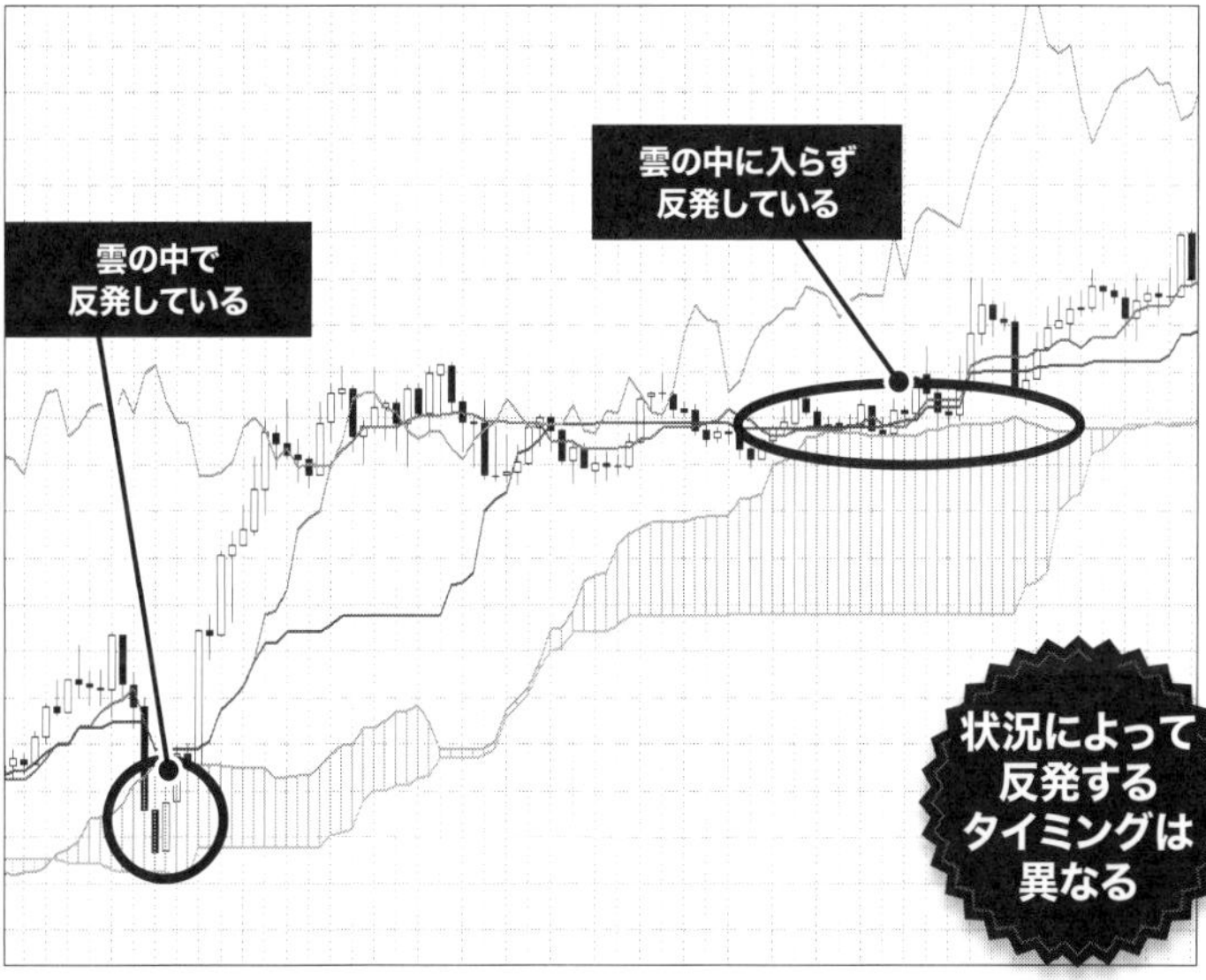
雲の中に入らず
反発している
雲の中で
反発している
状況によって
反発する
タイミングは
異なる

雲で反発するときは雲の中で推移する場合と雲の中に入らずに反発する場合の２種類がある。どちらで反発するかは動いてからでしかわからないので、反発するタイミングを予測することは不可能。

反発を確認してから
エントリーしましょう

POINT

他のテクニカルを併用しよう

雲の反発を狙ったトレードをするなら、売買タイミングを計るためにオシレーター系指標など他のテクニカル指標との併用がオススメです。

テクニカル指標を組み合わせることで精度を上げる

05

ほかのテクニカル指標との組み合わせ

雲だけなら他のテクニカル指標が必須

一目均衡表は、他のテクニカル指標と組み合わせると、より有効です。

とくに、一目均衡表の「雲」だけを使う投資家たちは、利食いや損切りのタイミングを他のテクニカル指標に任せる場合がほとんどです。

51ページで説明したように、ローソク足が雲で反発するタイミングをMACDやRSIなどのオシレーター系指標と組み合わせることもあります。

一方で、雲だけでなく、基準線や転換線、遅行線を使ってトレードする場合は、他のテクニカル指標はあまり使いません。これは、一目均衡表だけでトレードに必要な情報をほとんどカバーできるからです。組み合わせる場合もトレンド系は使わず、オシレーター系と組み合わせる場合がほとんどです。

雲をサポートするテクニカルとの組み合わせ

雲を使ったトレードを行う場合は、雲をサポートするという視点で組み合わせるテクニカル指標を選びましょう。たとえばエントリータイミングの判断を雲に任せるのであれば、利食いや損切りのためのトレンド系、エントリータイミングをより明確にしたいならオシレーター系と組み合わせましょう。(坂井泉さん)

ファンダメンタルズも考慮する

一目均衡表に限った話ではないのですが、中長期トレードをする場合は、ファンダメンタルズを考慮しなくてはなりません。

世界情勢や要人発言は市場にとってサプライズとなる出来事として影響を与え、、テクニカル指標による分析が役に立たないこともあります（第４章参照）。取引する通貨ペアに関するニュースは見逃さず、ポジション保有中に大事件が発生した場合はいったんイグジットするなどの対処が必要になることもあります。

第2章

成功投資家たちの一目均衡表のパーツの見方

一目均衡表のひとつひとつのパーツを理解しなければ、一目均衡表を使って勝つことは難しい。成功投資家たちがどのようにして一目均衡表のパーツを見て、使っているのかを解説しよう。

01 基準線

基準線で短期的な相場を分析する

基準線は、一目均衡表のなかでもっとも基本となるパーツです。

一般的には中期トレンドを分析するために使われると言われていますが、本書で紹介する投資家たちは中期トレンドではなく、売買タイミングを計るために使ったほうが効果的だと考えます。

その理由は押し目や戻りのタイミングとして機能するからです。

60ページのチャートのように、強い上昇トレンドが発生しているときはローソク足が押し目のタイミングで基準線で反発しています。逆に上昇トレンド時は戻りのタイミングでローソク足が基準線で反発する傾向があります。

ローソク足とσラインの関係性を知る

転換線が基準線を上抜く「好転」や、転換線が基準線を下抜く「逆転」はトレンド転換のサインとされていますが、本書で紹介する投資家たちの間では否定派と肯定派にわかれます。

否定派の意見としては、好転や逆転はダマシも多いため、信用しすぎると損失を出してしまう可能性が高いというものです。否定派の泉さんは過去に好転・逆転を手法に組み込んだことがありましたが、成績が悪くなったとのことです。

肯定派は、好転・逆転はトレンド転換のサインが早めに出る点を評価しています。三輪さんは、実際に好転・逆転を手法に組み込み結果を出しています。ダマシに関しては、雲を使ったトレンド判断などと併用すれば、避けられるといいます。

また、他のトレンド系テクニカル指標を使ってトレンドを判断したうえで好転・逆転を判断をする場合も比較的ダマシが少なくなります。

押し目・戻りのタイミングを掴める

強いトレンド発生時の押し目として機能

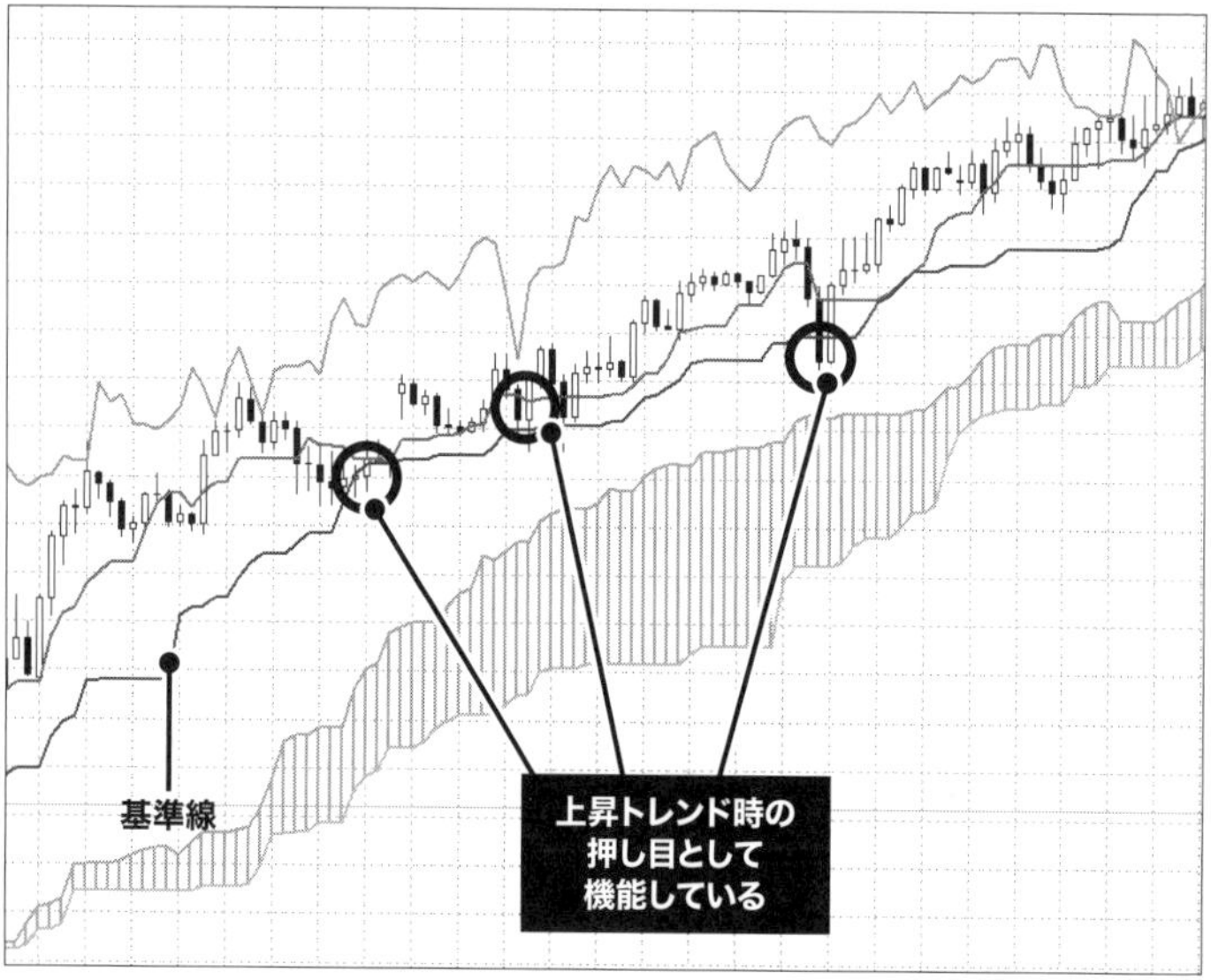
基準線
上昇トレンド時の
押し目として
機能している

雲とローソク足が大きく離れた強力なトレンド発生時は、基準線が押し目や戻りのタイミングになりやすい。

好転・逆転でトレンド転換のタイミングを計る

トレンド転換のサインが早めに出る

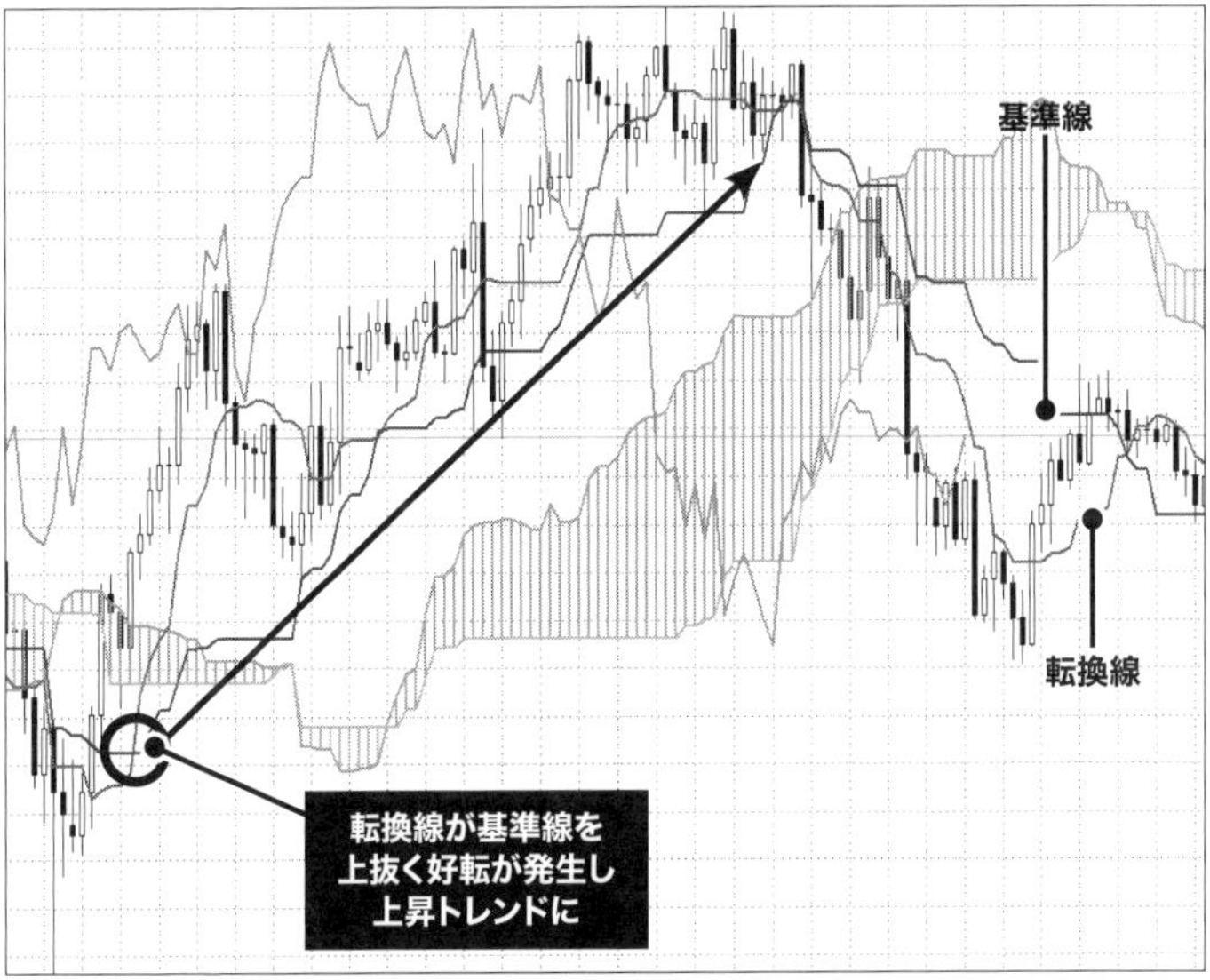
基準線
転換線
転換線が基準線を
上抜く好転が発生し
上昇トレンドに

好転や逆転によるトレンド転換のサインは、移動平均線のゴールデンクロスやデッドクロスなどと比べて早めに出やすいため、トレンド転換のサインとしては優秀。

ダマシを避けるには
他のパーツが有効

POINT

ダマシを避ける

好転・逆転はダマシも多いため、他のパーツでのトレンド判断や他のテクニカル指標によるサインなどを併用してダマシを避けるようにしましょう。

02

転換線

単体では使いにくいライン

転換線は、一般的に短期的なトレンドを分析するために使われるラインです。しかし、本書で紹介する投資家たちの間では、単体では使いにくいラインと認識されています。

転換線は過去9本のローソク足を参照して計算していますが、トレンドの方向を判断するには、期間が短すぎるというのがその理由です。

本書で紹介する投資家たちはデイトレードや中長期トレードで取引しているため、転換線で判断する超短期的なトレンドは必要としていないのも使いにくいとしている原因でもあります。超短期なトレンドを必要とするスキャルピングのような手法であれば有用かもしれないとの意見もあります。

転換線は抵抗線や支持線としての機能を持ちますが、基準線や雲などと比べて非常に弱く、反発することが少ない傾向があります。また、ローソク足が転換線をブレイクしたとしてもトレンドが変わることはあまりありません。

他のラインやテクニカル指標と併用する

転換線で判断できるトレンドは非常に短期のトレンドなので、デイトレードや中長期トレードでは使いにくいです。ただし、あくまで単体では使いにくいだけなので、59ページで紹介した基準線との好転・逆転や他のテクニカル指標と組み合わせれば使い道はあります。（三輪圭史さん）

短期すぎて使いにくい

トレンド分析にはあまり向かない

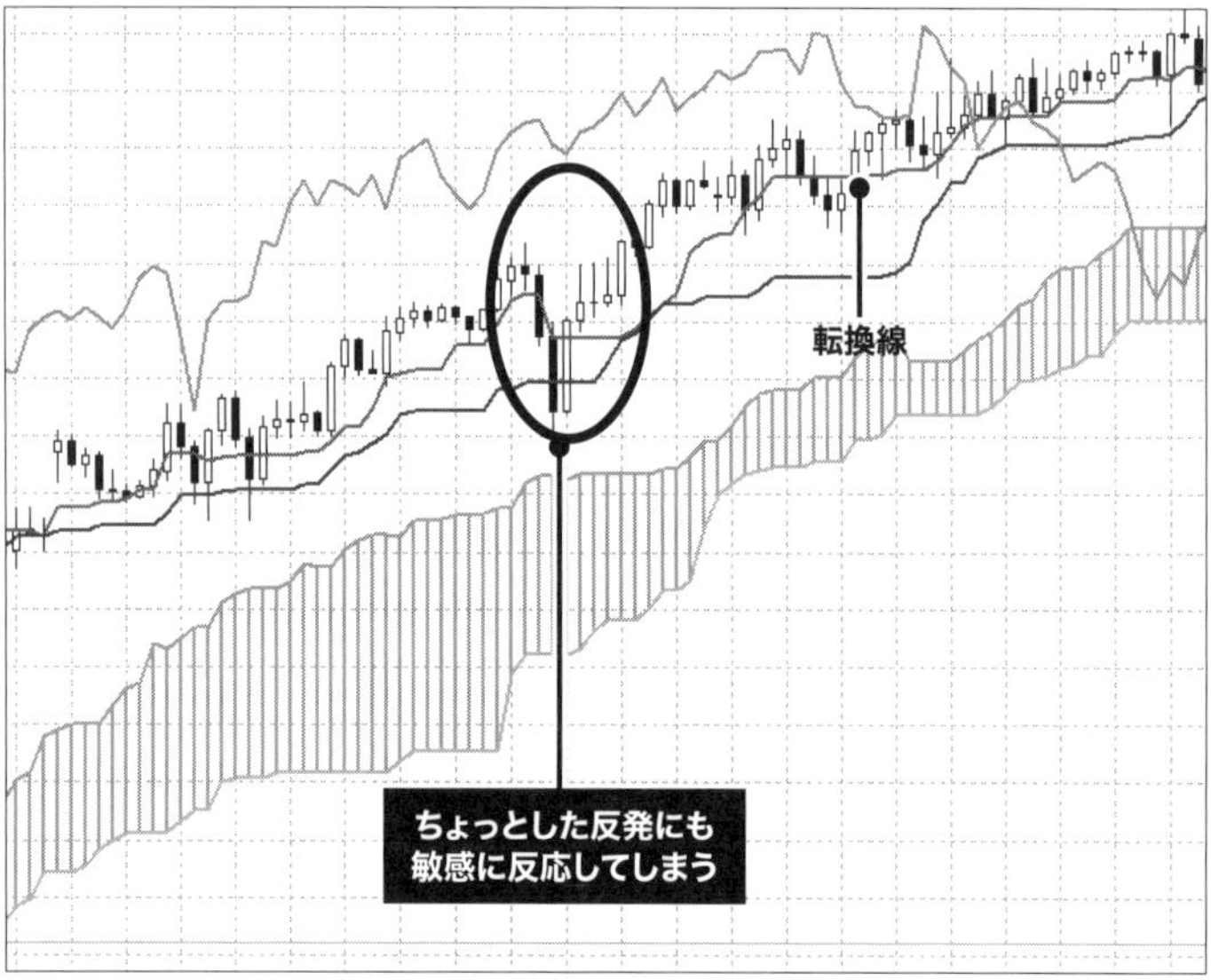
転換線
ちょっとした反発にも
敏感に反応してしまう

判断するトレンドが短期すぎて使いにくい。

抵抗線・支持線としての機能が弱い

ローソク足がすぐにブレイクしてしまう

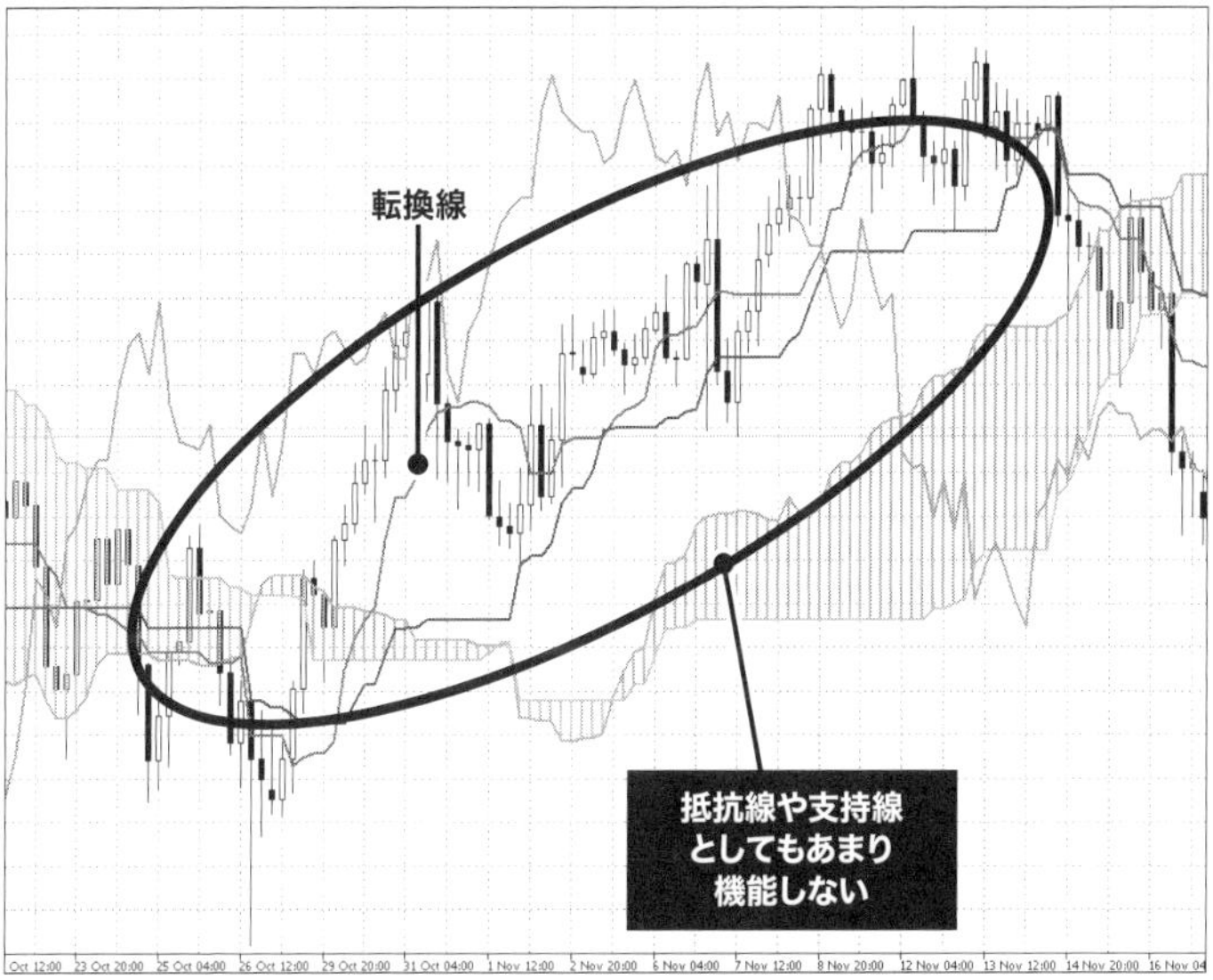

抵抗線・支持線としての機能も弱いため、ローソク足はすぐブレイクしまい、それによるトレンド転換の信頼性も低いため、トレードに役立てることは難しい。

POINT

補助的に使うなら有効

単体では使いにくい転換線ですが、基準線との組み合わせや押し目・戻りを狙うときの短期的なトレンドを判断する場合には有効です。

雲の厚みやローソク足との位置を確認する

03

先行スパンA・B（雲）

一目均衡表のなかでもっとも重要なパーツ

先行スパンAと先行スパンB（先行スパン1、2とも呼ばれる）で形成される雲は、非常に重要なパーツです。

本書で紹介する投資家の中には雲だけを必要としている人もいます。雲を使ううえで、重要なのは厚い雲を抜ける場合はどんなときかを把握しておくことです。雲は厚くなるほど抵抗線・支持線として強力になりますが、状況によっては厚い雲をローソク足が抜ける場合もあります。

特に多いのが強力なトレンド後のリバウンドです。68ページのチャートのように強力なトレンドの後に雲の中を進むローソク足は、そのままブレイクする可能性があります。

リアルタイムでチャートを見ていると、どのタイミングでトレンドが終わったのかを判断するのは難しいですが、強力なトレンドが発生しているときにローソク足が雲まで推移した場合は雲を抜ける可能性も考えてトレードするようにしましょう。

雲の位置を確認しよう

雲は抵抗線・支持線としての機能以外にも使い道があります。それは、トレンドの強さを計る機能です。

トレンドの強さはローソク足と雲の位置関係でわかります。ローソク足と雲の距離が離れていれば離れているほど、トレンドは強いと判断できます。

強力なトレンド発生時は雲とローソク足は大きく離れていき、その後、トレンドの勢いが弱くなり始めると雲とローソク足の距離は近づいていきます。

雲が厚くてもブレイクする場合もある

強力なトレンド後のリバウンドによる雲ブレイク

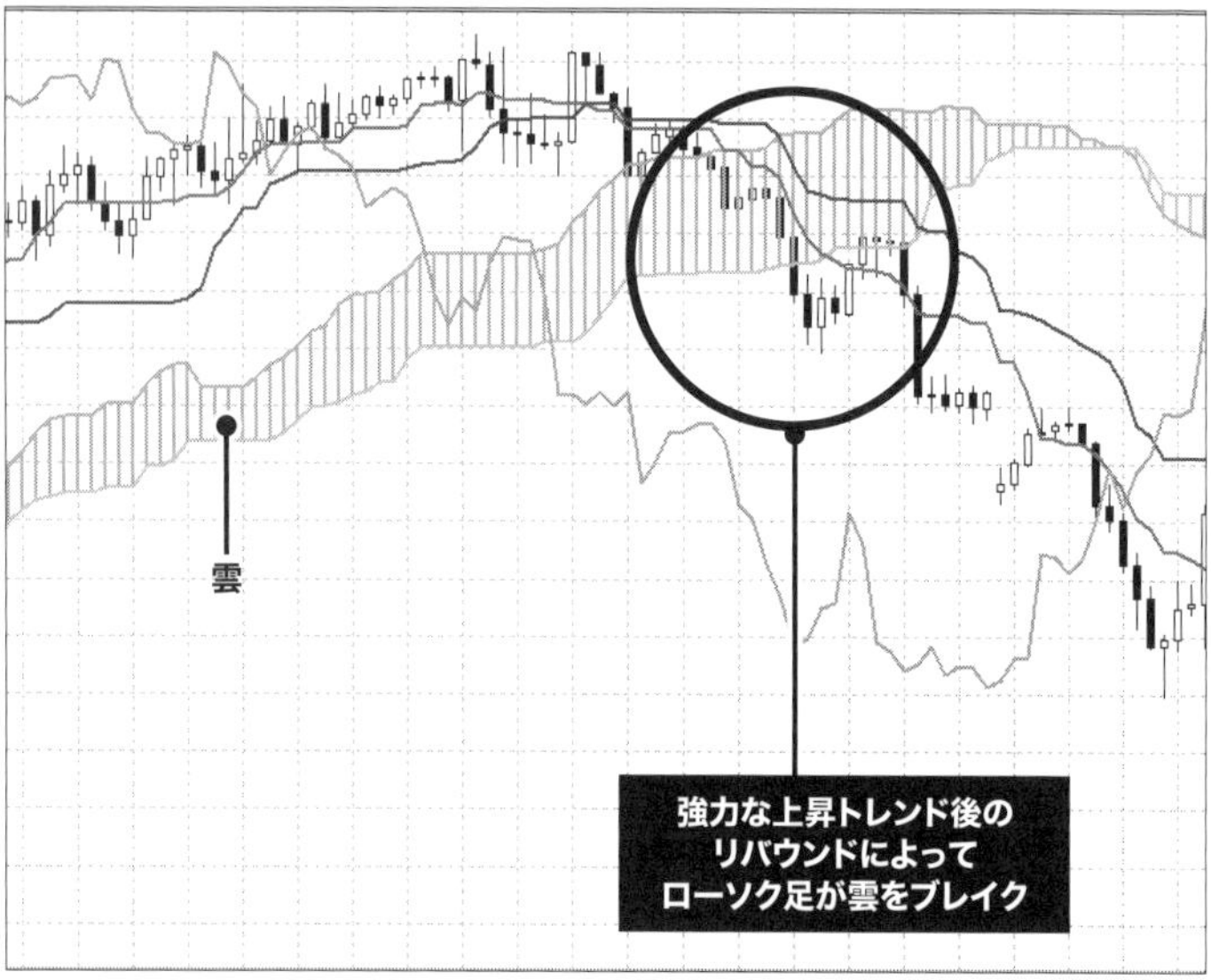
雲
強力な上昇トレンド後の
リバウンドによって
ローソク足が雲をブレイク

強力な上昇トレンド後のリバウンドによって、ローソク足が雲をブレイクしている。

雲の位置でトレンドの強さを測る

ローソク足と雲の位置が離れているほど強力なトレンド

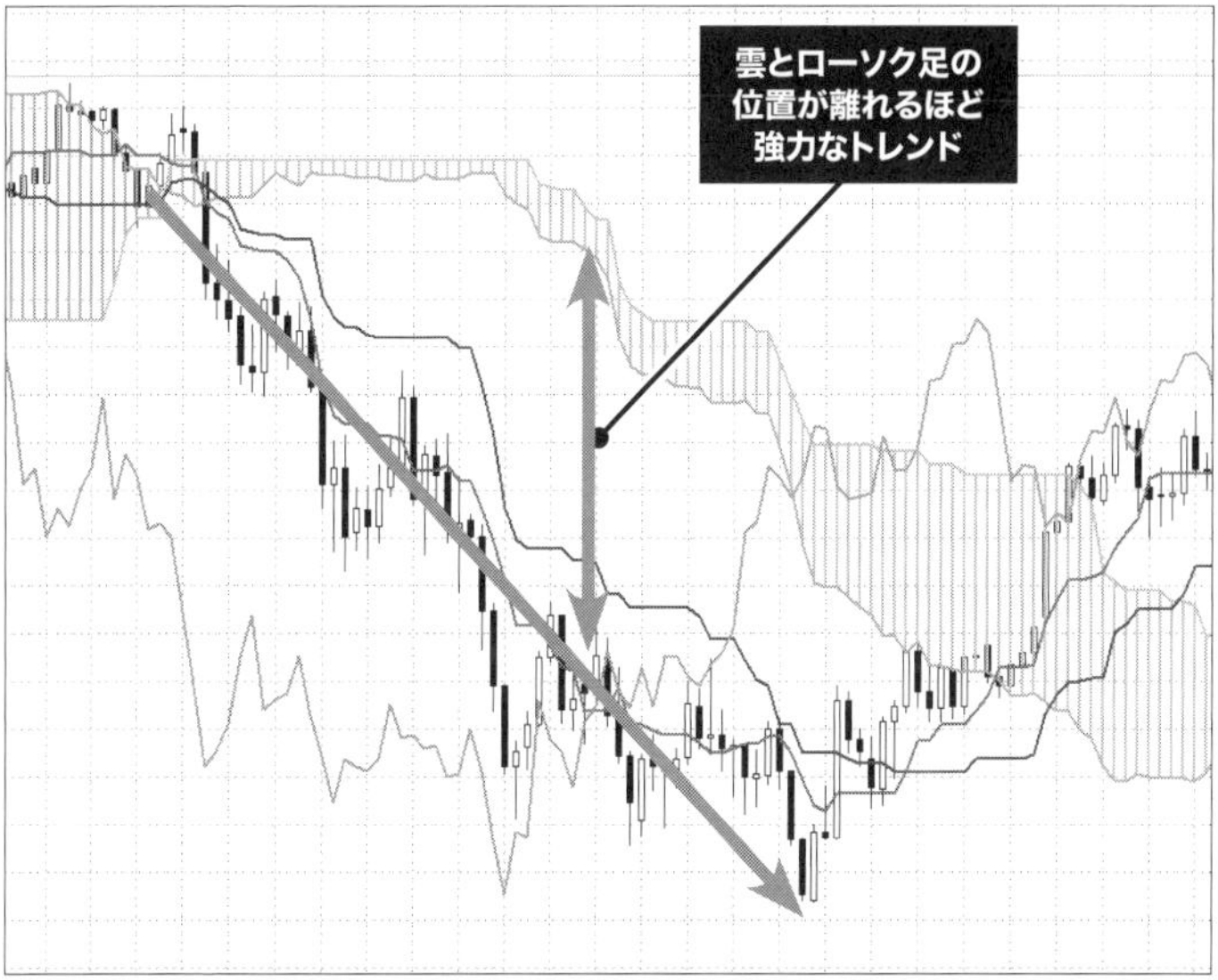
雲とローソク足の
位置が離れるほど
強力なトレンド

雲とローソク足の位置関係でトレンドの強弱が判断できる。雲とローソク足の位置が近くなり始めたらトレンドの終わりやトレンド転換の可能性を考えていこう。

雲とローソク足の
位置関係で相場分析！

POINT

雲とローソク足の位置で売買判断

ポジション保有中に雲とローソク足の位置が近くなり始めたらトレンドが終わる可能性が高いため、イグジットを考えていきましょう。

04 遅行線

基準線で短期的な相場を分析する

遅行線は扱いが難しいとされているラインです。本書で紹介する投資家のなかでも遅行線は考慮しないでトレードする人もいます。

遅行線を使用していない坂井さんは「理屈は理解できるものの、売買の判断に採用するほどのものではない」と言います。

遅行線は現在の終値をローソク足24本分遅らせて表示しています。遅行線がローソク足よりも上にあれば、ローソク足24本前よりも価格が高いため、その間に関しては買い優勢というのが一般的な判断の仕方です。

しかし、坂井さんは、強力なトレンド発生時には敏感に反応する一方で、もみ合い相場時は、遅行線のサインどおりに動かずダマシになりやすいと感じるため、売買の判断に用いるにはリスクが高いといいます。

市場の思惑が読み取れる

一方、肯定派である加藤さんは「一目均衡表の考案者が絶対に無視してはいけないラインと説明している」ことから重要視しています。

特に市場参加者が含み益の状態か、含み損の状態かを判断できる点について有用だといいます。

相場は市場参加者の思惑で動きます。ローソク足と遅行線の位置が離れるほど、利食いや損切りをする人が増えるので、トレンドが転換する可能性が高くなってきます。

また、74ページ以降で紹介する時間論や値幅観測論などを併用することで、トレンド転換のタイミングを探ることができます。

遅行線が使いにくい状況

もみ合い相場時は判断しにくい

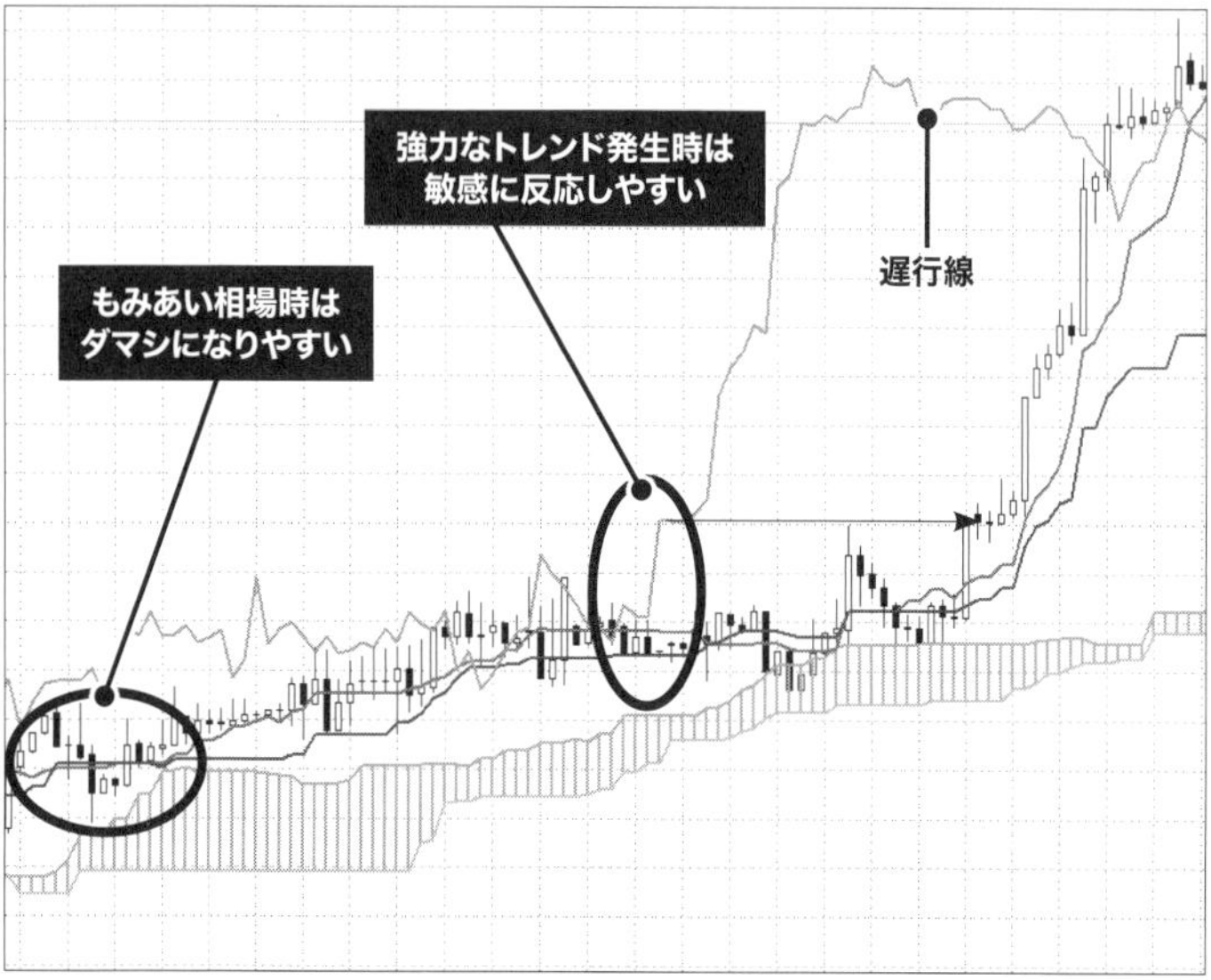
強力なトレンド発生時は
敏感に反応しやすい
もみあい相場時は
ダマシになりやすい
遅行線

強力なトレンド発生時はサインとして優秀な働きをする一方、もみ合い相場時はダマシが発生しやすいという欠点がある。

市場参加者の状況を知る

遅行線の位置で状況を判断する

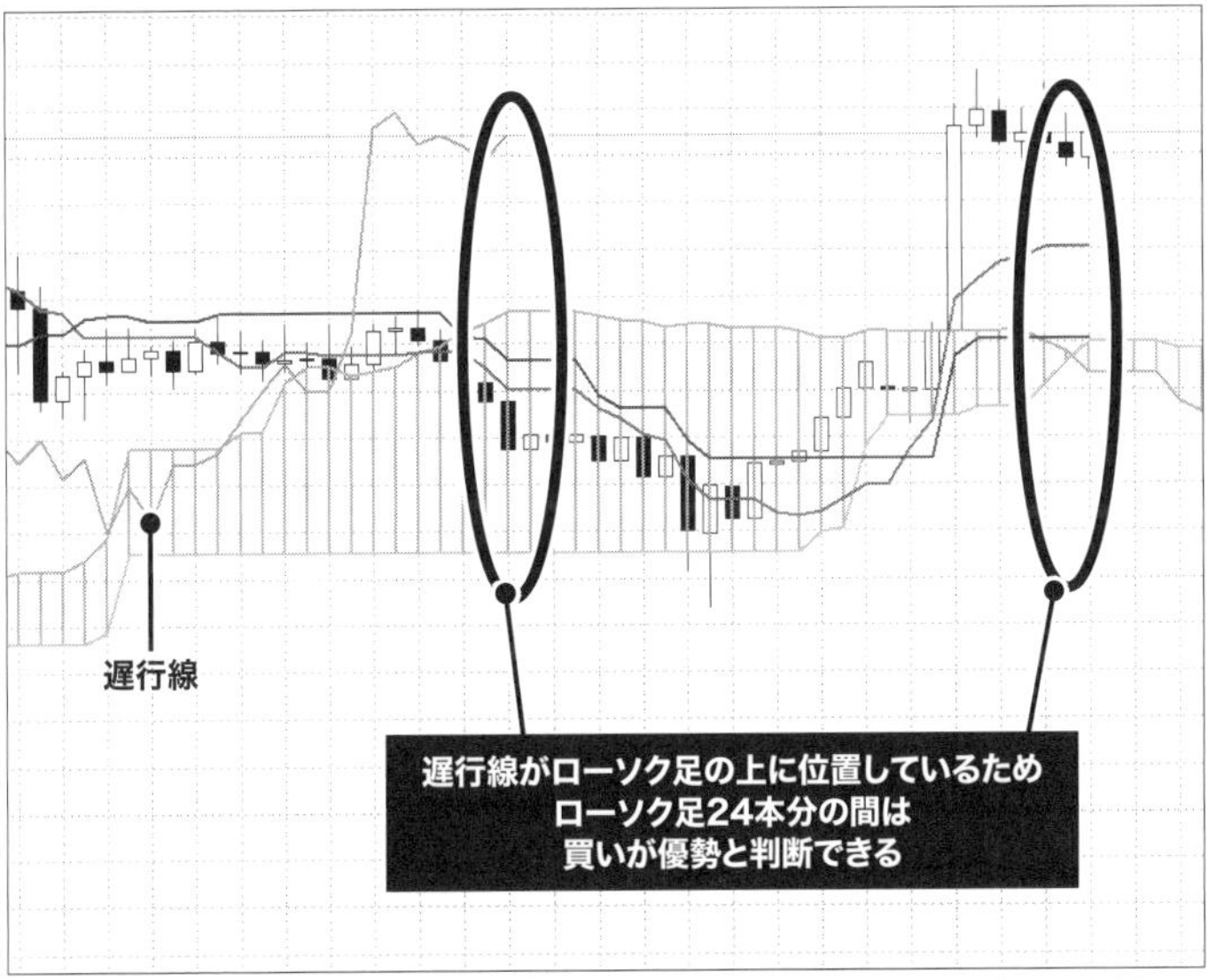
遅行線
遅行線がローソク足の上に位置しているため
ローソク足24本分の間は
買いが優勢と判断できる

遅行線がローソク足の上にある状況は含み益になっている市場参加者が多いと判断できる。

市場参加者の状況から今後を判断する

POINT

トレンド転換のタイミングを計る

遅行線とローソク足が離れるとイグジットする人が増え、トレンド転換の可能性があります。74ページからの時間論や値幅観測論を併用して判断するのも有効です。

05 時間論

手法が複雑になる点が大きな欠点

一目均衡表の三大理論のひとつである「時間論」は本書で紹介する投資家のほとんどがあまり気にしていません（詳しくは20ページ参照）。その理論の根拠が理解しにくいからです。

坂井さんの場合、基本数値である「9、17、26」でトレンドが変化するという理論自体は理解できますが、必ずしもその理論に従って相場が動くわけではないため、手法に組み込むのは難しいと考えています。

また、過去のチャートを振り返って理論に当てはめることは可能ですが、リアルタイムのチャートで理論を当てはめようとするとトレードがうまくいかないという実体験からも、坂井さん自身は時間論を使うことには否定的です。

同様に否定派である向山さんは、時間論を考慮すると手法が複雑になってしまうことを理由に時間論を採用していません。

基本数値や対等数値などを考慮すると現在使っている手法を根本から改良する必要が出てしまい、実際に組み込むとみるべき場所が増えてしまうため、これまでのようなスムーズなトレードができなくなってしまうため、時間論を採用していません。

手法が複雑になってしまう

ある程度の有用性はあると思いますが、価格を中心とした手法を使っているので、そこに時間という要素を組み込んでしまうと手法が複雑になりすぎてしまいます。手法は単純なほうが優秀だと思っているので、無理に複雑にする必要はないと思い、時間論は使っていません。（向山茂さん）

時間論は目安程度に利用する

一方、時間論を支持している加藤さんは、「一目均衡表のベースとなる理論なので、参考にするべき」だと考えています。

時間論の否定派がよく言う基本数値の根拠がわからないという点は加藤さんも理解していますが、その点に関してはこれまでの投資経験から信じるしかないといいます。

また、リアルタイムでどのようなサイクルで相場が動いているのかを見極めることは難しいというのもわかりますが、一定の目安として利用することが重要だといいます。たとえば、トレンド発生時は底や天井でイグジットを狙いたくなります。そのときの時間論によってトレンドの始まりから基本数値である9や17、26といった変化日に底や天井になる可能性があると予想できます。

もちろん、ダマシによってタイミングがずれることもありますが、だいたいの変化するタイミングを見極めることができる点では優秀だと考えています。

底や天井のタイミングがわかる

時間論で底や天井のタイミングを見極めよう

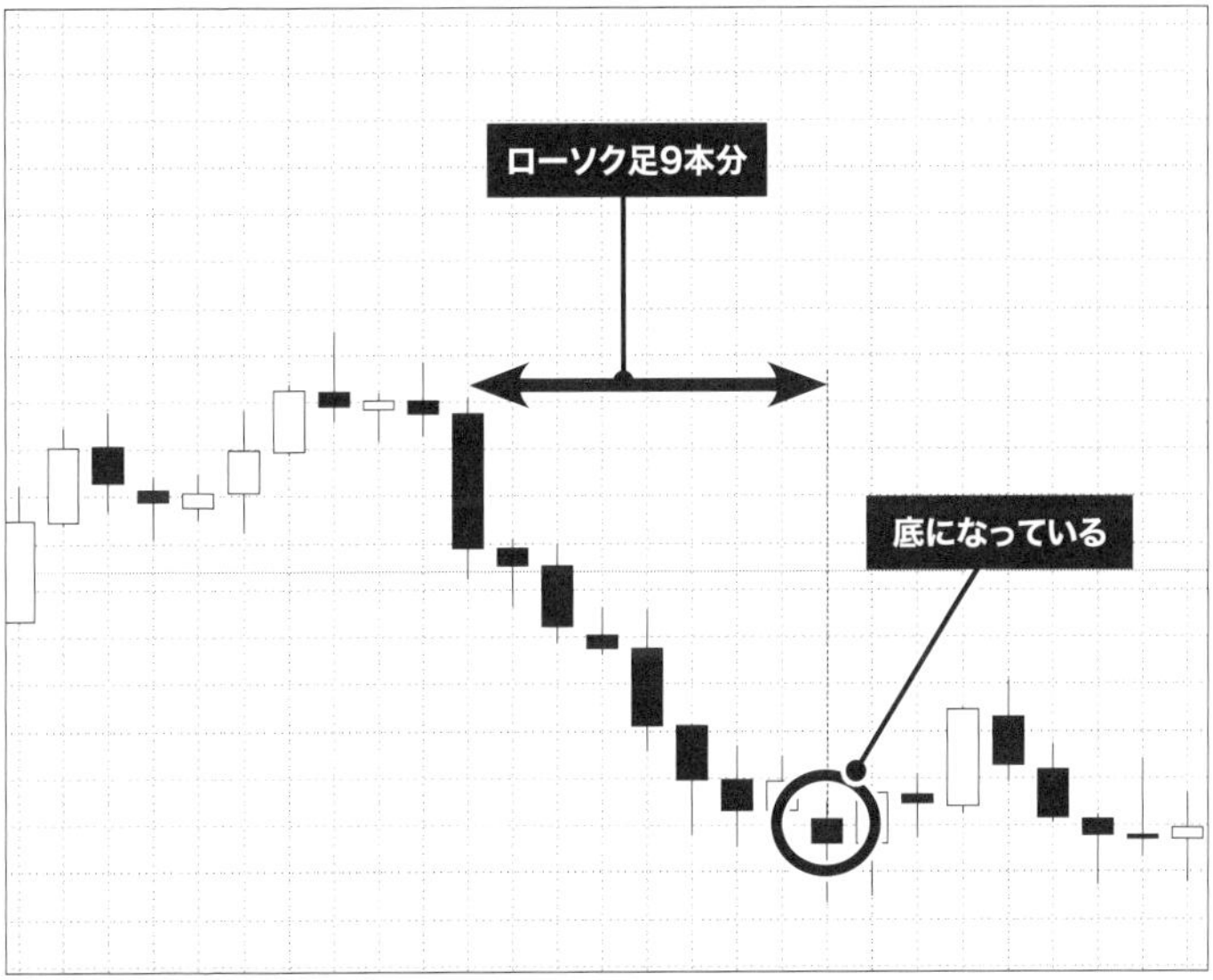
ローソク足9本分
底になっている

基本数値である 9,17,26 のタイミングで相場に変化が起こりやすい。

売買タイミングを計るのに便利

POINT

値幅観測論と組み合わせる

82 ページで紹介する値幅観測論と組み合わせることで、より効果的に時間論を使うことができます。時間論を単体で使うよりもオススメです。

06 波動論

波動論は相場の基本的な動き

チャートの形から値動きを予想する「波動論」に関しては好意的な意見が多いようです（詳しくは22ページ参照）。

花輪さんは、波動論といわれると難しく考えてしまいがちですが、相場の動きはNの形の連続で形成されるということを覚えておくことが大事だといいます。また、P波動（25ページ参照）もいわゆる三角持ち合いの形なので、覚えておいて損はありません。一方でY波動（25ページ参照）については、動き自体はわかるが、トレードには活かしにくいというのが本書で紹介する投資家の意見です。80ページのチャートのように上下に価格変動幅を広げながら推移するY波動は、売買するタイミングがつかみにくいという欠点があります。

Ｙ波動から上昇転換や下降転換する場合もありますが、Ｙ波動を形成した時点である程度のトレンドの動きが終わっていることが多いため、そのタイミングで売買しても、そこから大きく動く可能性は低いため利益も少なくなってしまいます。

底値圏や高値圏で発生した場合は強力なトレンドになり大きな利益が狙えることもありますが、それ以外のタイミングでは積極的に狙う必要はありません。

波動論は難しく考える必要はない

波動論という言葉に惑わされてしまう人がいますが、基本的にチャートはＮの形の連続で形成されるというのは、チャートを見るうえで基本的な考えです。特にトレンドの発生時はわかりやすくＮの形になっているので、波動という言葉に惑わされずにチャートを見て確認しましょう。（花輪拓馬さん）

波動論はチャートの基本的な考え

Nの連続でチャートは形成される

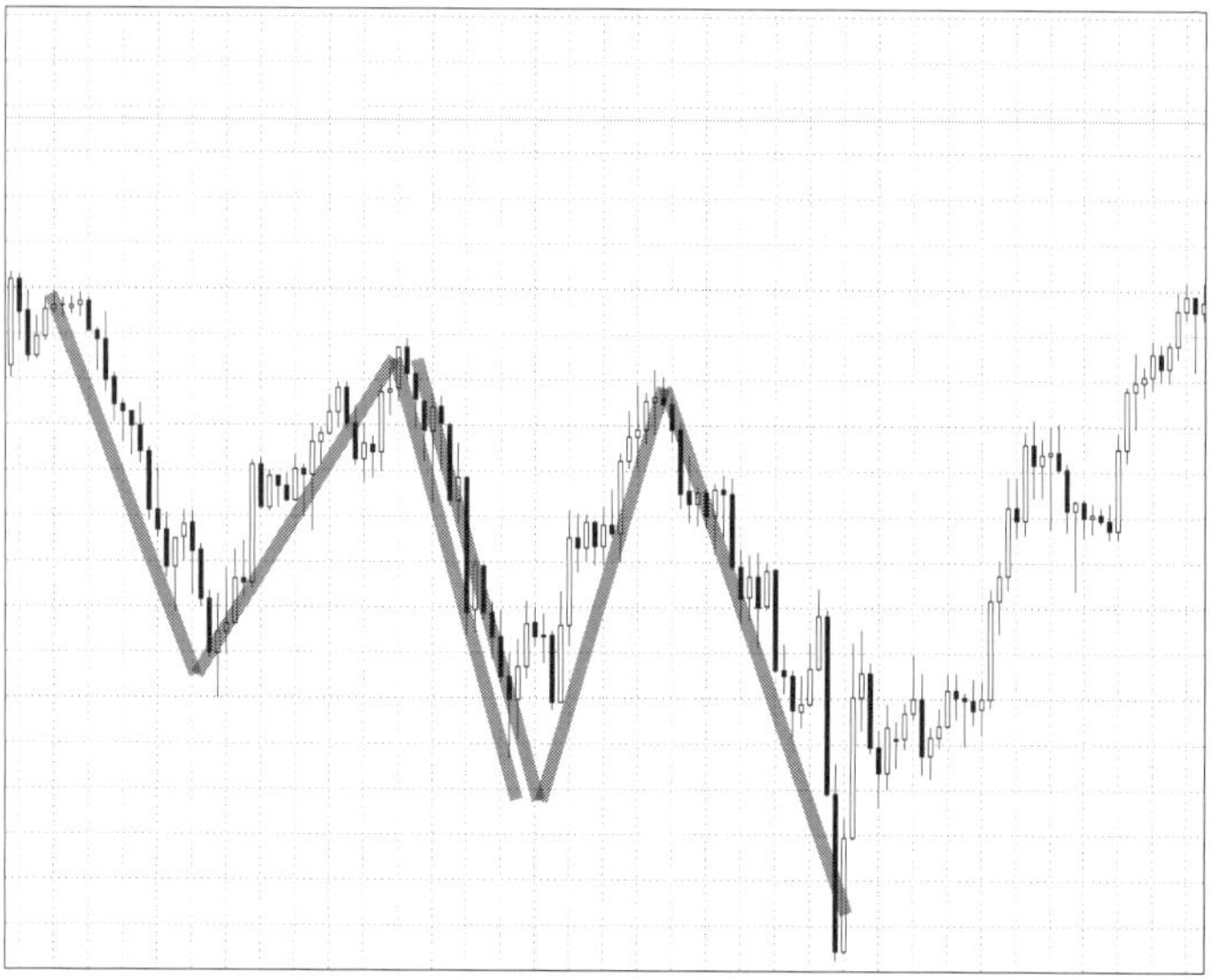

チャートは基本的に上昇→下降→上昇、または下降→上昇→下降を繰り返してNの形を形成しながら動く。

Y波動はトレードに活かしにくい

得られる利益が少なくなりやすい

上昇転換の
サインが出ているが
利益は少ない

Y波動の形による上昇転換のサインは信頼性はあるものの、ある程度上昇してから発生するため、見込める利益は少ない。

積極的に狙う形ではありません

POINT

高値圏や安値圏ならチャンス

高値圏で下降転換のサインが出たり、安値圏で上昇転換のサインが出た場合は大きなトレンドが発生しやすいため、エントリーのチャンスとなる。

07 値幅観測論

値幅観測論は評価が分かれる

底や天井の値を予測する「値幅観測論」は賛否が分かれる理論です（詳しくは24ページ参照）。

本書で紹介する投資家たちの多くは、V計算値（詳しくは27ページ参照）についてはいわゆる「倍返し」なので理解できるが、それ以外の計算値についてはあまり納得できないとの意見です。

否定派である坂井さんは、時間論と同様にリアルタイムで考えることが難しい理論だといいます。また、値幅観測論は時間論と組み合わせることで、真価を発揮するものなので、ただでさえリアルタイムで使いにくい時間論に否定的な投資家にとってはなおのこと使いづらいようです。

リアルタイムで使いにくい

値幅観測論は時間論と同様に過去チャートを見ながら後付けで説明するのは簡単ですが、リアルタイムで使いこなすのは難しい理論です。使いこなすことができれば強力な武器になると思いますが、手法に組み込むまで理解するには時間がかかるため、私は採用していません。（坂井泉さん）

▼時間論との組み合わせで売買タイミングを計る

一方、値幅観測論を支持している加藤さんは、時間論を採用しているため、値幅観測論についても有用性があると考えています。時間論と値幅観測論を合わせて考えることで、およその売買タイミングがつかめます。

たとえば、買いポジションを持っているときに値幅観測論で天井となる値の候補がいくつか計算できます。さらに、時間論でトレンド転換のタイミングも候補がでます。具体的には、時間論による変化日のタイミングで、値幅観測論による天井にローソク足が近ければ、そこでトレンド転換する可能性が高いため、利食いするタイミングになります。チャートをずっと見ている必要もなく、時間論と値幅観測論による利食いタイミングだけ気にしていればいいので、トレードもスムーズにできるというわけです。

リアルタイムで使いにくい

値幅観測論を使う場合は、時間論と組み合わせて正しい値を探る必要があります。私は時間論との組み合わせで使っていますが、必ずしも時間論である必要はありません。反発するタイミングを計るので、移動平均線やボリンジャーバンドなどが重なるタイミングで使うことも有効です。（加藤淳也さん）

時間論と値幅観測論を組み合わせる

トレンド転換のタイミングを計る

値幅観測論によって反発するタイミングとなる値を出し、時間論によってトレンド転換のタイミング（この場合は 26）を出すことで、利食いするタイミングを計ることでができる。

POINT

単独では使いにくい

値幅観測論は複数の計算方法があるため、単体で使うとどの値が正しいのかが判断できないため使いにくい傾向があります。時間論と組み合わせて使うようにしよう。

08 組み合わせ

基準線と雲を組み合わせる

一目均衡表にはこれまで説明したように5つのパーツがあります。しかし、すべてのパーツを使う投資家はあまりいません。本書で紹介する投資家も多くは2～3つのパーツを組み合わせて手法に組み込んでいます。そのため、初心者には最初からすべてのパーツを使わず、ある程度絞って使う方がよいでしょう。

向山さんは、まずは基準線と雲の組み合わせから始めることをオススメしています。このふたつのパーツはトレンドの判断や、実際のトレンド発生時には抵抗線・支持線として機能する点が有効だといいます。

遅行線のような特殊な見方の必要がなく、転換線のような使いにくい超短期のトレンドではないので、初めてでも迷うことなく使いやすいラインだといえます。

使い方は基本的に基準線と雲がローソク足の上にあり、基準線が下向きになっていればれば下降トレンド、ローソク足の下にあり上向きなら上昇トレンドと覚えておきましょう。

売買判断はローソク足が雲や基準線をブレイクしたときや反発したときなどさまざまです。ただし、雲と基準線だけでは、売買サインとして弱いため、ほかのテクニカル指標との併用が必要になります。第３章以降で各投資家が他のテクニカル指標と組み合わせた手法を紹介しているので参考にしてください。

雲と基準線の組み合わせがオススメ

雲と基準線は一目均衡表の中でも扱いやすく、トレンド判断と売買サインというふたつの要素も持っているので、初心者でも使いやすいと思います。私も雲と基準線だけを使った手法を使っているので参考にしてください。（向山茂さん）

すべてのラインを組み合わせる

一方、すべてのパーツを使い、三大理論も組み合わせることがもっとも有効だと考える加藤さんのような投資家もいます。

すべてのパーツと三大理論を組み合わせてトレードするのは難易度が高いですが、その分優秀な手法でもあります。

また、一目均衡表のすべてを組み合わせた手法は、他のテクニカル指標を必要としないというメリットがあります。詳しくは168ページ以降の加藤さんの手法紹介で説明しますが、波動論で相場の動きを掴み、雲ブレイクや反発を狙ってエントリー、値幅観測論や時間論でイグジットタイミングを探るという流れなので、一目均衡表のみでトレードが完結します。

このように一目均衡表への理解をより深めて、結果を求めるのもひとつの方法です。

三大理論との組み合わせが有効

一目均衡表は三大理論と組み合わせることで、より使いやすいテクニカル指標になります。他のテクニカル指標を使わなくても安定した手法になるのは珍しいと思います。三大理論は理解するまでは難しいかもしれませんが、その分使いこなせれば頼りになります。（加藤淳也さん）

雲と基準線の組み合わせ

トレンドを判断しやすい

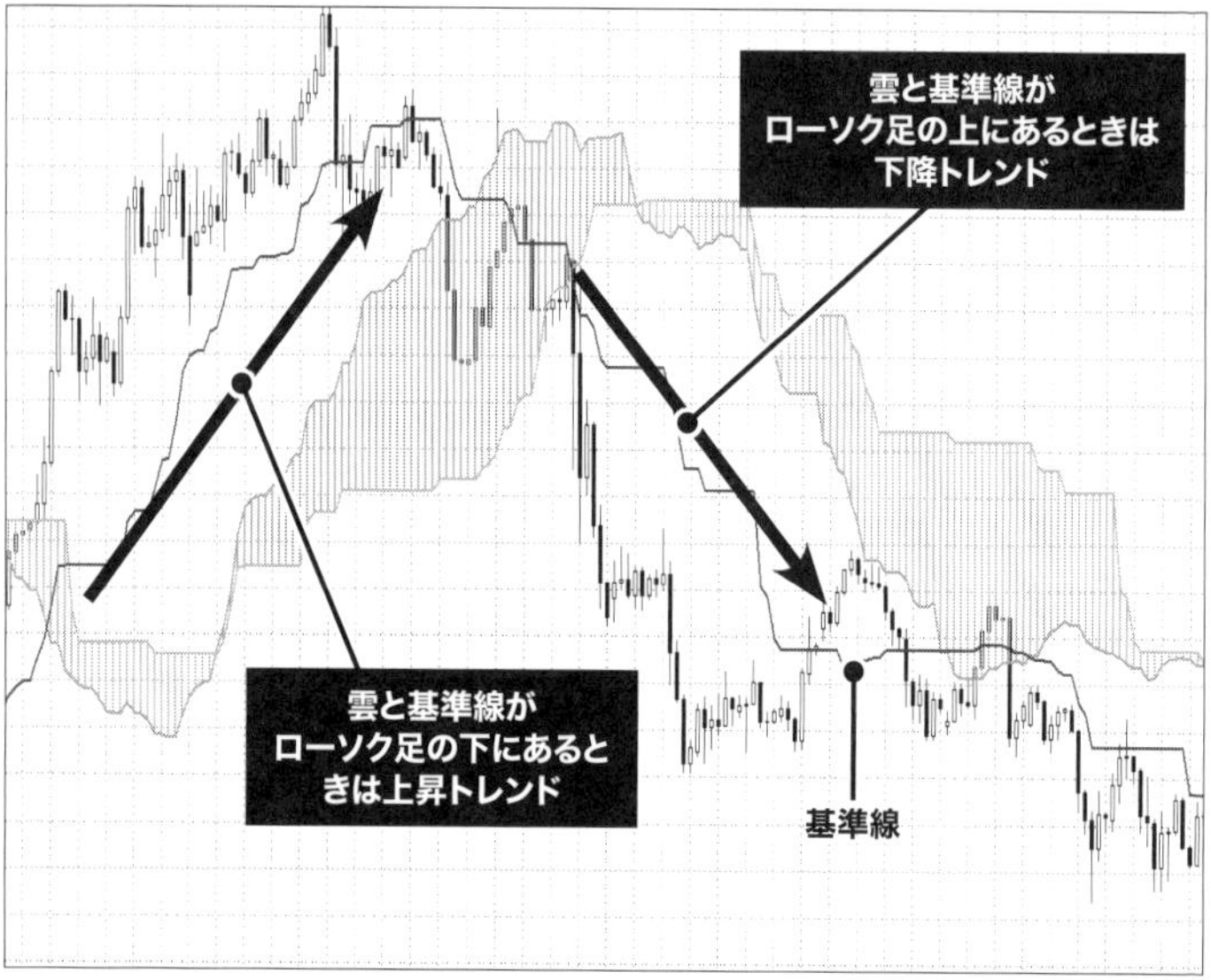
雲と基準線が
ローソク足の上にあるときは
下降トレンド
雲と基準線が
ローソク足の下にあると
きは上昇トレンド
基準線

雲と基準線がローソク足に対してどの位置にあるかを見るだけでトレンドを判断できる。

強力だが、手法に組み込むのは難しい

09 三役好転・三役逆転

▼信頼度は高いがサインがでにくい

17ページで紹介した三役好転・三役逆転は、本書で紹介する投資家のなかでも強力な売買サインだという点では意見が一致していますが、手法に組み込むのは難しいとの意見がほとんどです。なかなか発生しないサインということもあり、売買サインが少なくなってしまうからです。

手法に採用していない加藤さんは長期チャートとは相性が悪いことを理由としています。

日足チャートの場合、三役好転・三役逆転が発生する頻度は相場の状況にもよりますが1年に1回程度の頻度だといいます。この頻度のトレードでは手法に組み込んで安定した利益を得るのは現実的ではないとのことです。

また、信頼度は高いとはいえ、ダマシの可能性もゼロではないので、1年に1回のトレードで失敗してしまったときの徒労感が大きく、メンタルに影響を与えかねないため不採用にしているとの意見もあります。

また、三役好転・三役逆転を判断するためには、一目均衡表の5つのパーツをすべて表示する必要があります。86ページでも説明したように本書で紹介する投資家のほとんどがすべてのパーツを使用していません。このような事情も手法に組み込みにくい一因になっているようです。

手法に組み込みにくい

私の場合、中長期トレードなので、サインが出にくい三役好転と三役逆転はいくら信頼度が高くても、トレード回数の問題で採用しにくいのが現状です。また、一目均衡表のパーツをすべて使わなければならない点も手法に組み込んでいない理由です。（加藤淳也さん）

1時間足チャートなら使いやすい

そんななか、手法に三役好転・三役逆転を組み込んでいるのが三輪さんです。

詳しくは192ページで紹介しますが、成績不振が続くときやリスクを抑えてトレードしたいときなどは三役好転・三役逆転を手法に組み込んでトレードします。サインが出にくい問題も、1時間足チャートなら定期的に発生するため大きな問題にはならないといいます。

また、初心者こそ三役好転・三役逆転は有効だと三輪さんは言います。前述したように信頼度は本書で紹介する投資家が認めています。信頼度が高いということはそれだけ負けにくいということなので、投資資金が少ない初心者にとっては非常に有効です。

最初のうちは三役好転・三役逆転のトレードで資金を堅実に稼ぎ、ある程度の資金ができたら他の手法を使うというのもいいでしょう。

三輪さん自身も投資を始めたての頃は三役好転・三役逆転のトレードを中心に行い、投資資金作りを行いました。

初心者にこそオススメ

三役好転と三役逆転は1時間足でなら定期的に発生するので、サインが出にくい問題を解消できます。信頼度が高いサインなので、投資資金が少なくあまり負けられないような初心者にはオススメのサインだと思います。（三輪圭史さん）

三役好転・三役逆転は強力なサイン

発生頻度が少ない

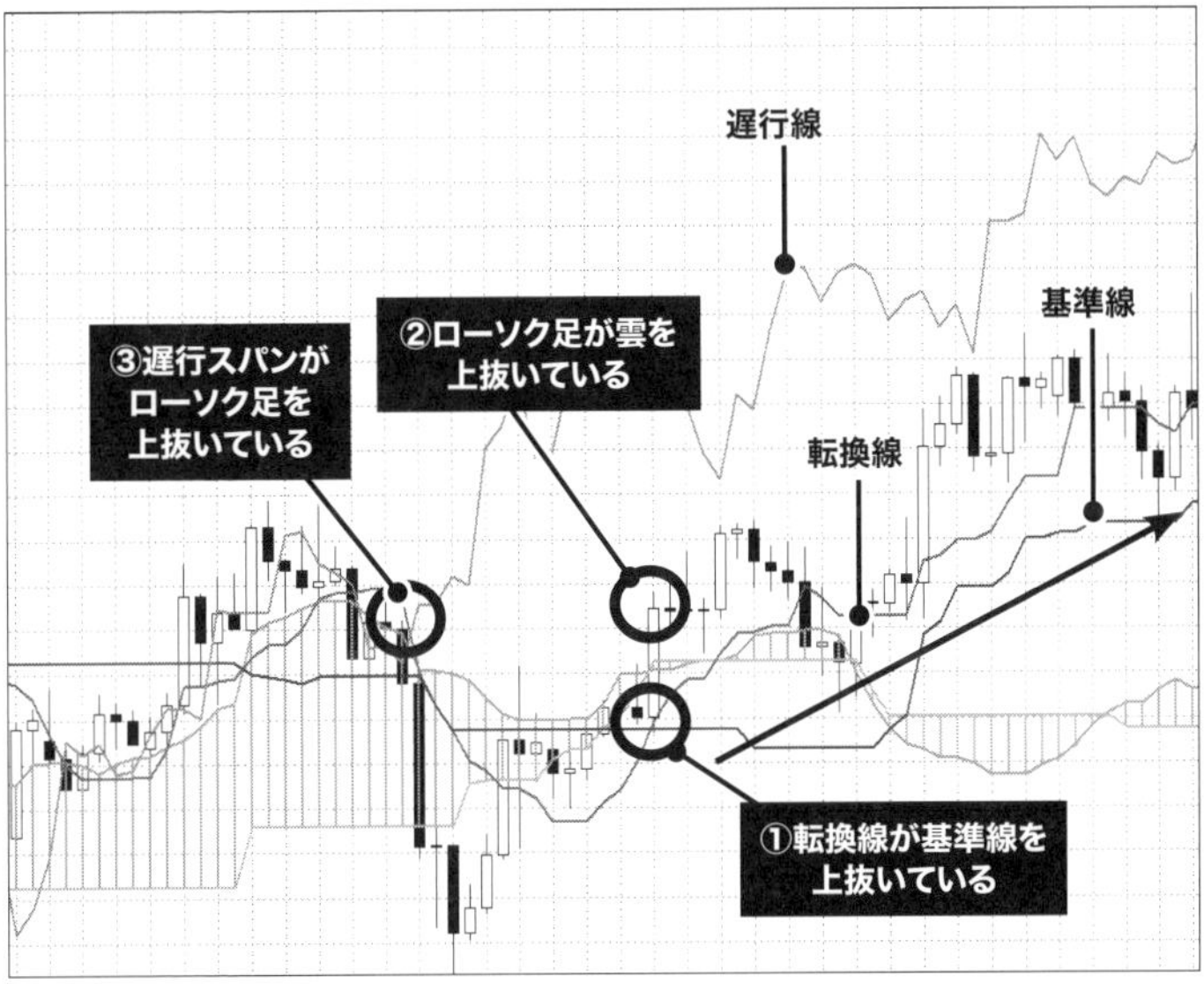
遅行線
基準線
転換線
③遅行スパンがローソク足を上抜いている
②ローソク足が雲を上抜いている
①転換線が基準線を上抜いている

強力なトレンドである一方で、発生頻度が少ないため、日足などの長期の時間足のチャートでは手法に採用するのは現実的ではない。

10 時間帯・通貨ペア・時間足

通貨ペアはメジャー通貨が基本

一目均衡表を使ううえで適した時間帯や通貨ペアはありません。

時間帯に関しては、「自分にとってトレードしやすい時間帯を選ぶべき」というのが坂井さんの意見です。

たとえば、朝5時が適した時間と言われたところで、専業トレーダーでないかぎりその時間に毎日トレードするのは難しいでしょう。それなら、普段の生活のなかで毎日必ずチャートを見られる時間帯でトレードするべきです。

また、今日は12時、明日は20時といったように毎日異なる時間にトレードするのも厳禁です。時間帯によって値の動き方が変わるので、可能な限り同じ時間帯にトレードするようにしましょう。

また、通貨ペアに関してはどの通貨ペアでもいいのですが、情報を得やすい米ドル／日本円が無難との意見が多数を占めます。実際、本書で紹介する投資家全員が米ドル／日本円で取引をしています。それ以外の通貨ペアも英ポンド／日本円やユーロ／日本円など、情報が入ってきやすいメジャー通貨を中心にしたほうがリスクが抑えられるので安全でしょう。

馴染みのある通貨ペアでトレードしよう

トレードする通貨ペアは情報が得られやすく馴染みのあるものにしましょう。情報が得にくい通貨ペアの場合、通貨の対象国で大きな事件があった際にニュースが遅れてきやすいため、危険です。米ドルや英ポンド、ユーロなどニュースで良く取り扱われる通貨を使いましょう。（坂井泉さん）

▼時間足は長期がオススメ

本書で紹介する投資家たちは使用する時間足は長期がオススメだといいます。一目均衡表に限った話ではないですが、テクニカル指標は日足や4時間足など長期のほうが正直に反応します。

また、一目均衡表はもともと日足をベースに作られたのです。そういった意味でも長期チャートがオススメとのことです。もちろん1時間足チャートなどでは使えないというわけではありません。

第3章

稼ぐ投資家の一目均衡表手法

一目均衡表を使って稼いでいる投資家はどのような手法を使っているのかは気になるところ。一目均衡表を使って成功している現役投資家5人のトレード手法を徹底的に解説しよう。

雲と基準線、RSIを使った中長期トレード

01

向山茂さんの手法①「押し目買い・戻り売り手法」

私のエントリーのポイント

基準線を使い、押し目や戻りを狙い、基準線と雲で判断したトレンドに対して順張りでエントリーします。

▼雲と基準線、RSIでトレードをする

向山茂さんはRSIと一目均衡表の雲と基準線を使った「押し目買い・戻り売り手法」と「雲ブレイク手法」（108ページで紹介）を使ってトレードします。

どちらの手法もテクニカル指標の設定は共通しており、次のようになります。

・**一目均衡表**

転換線「9」

基準線「26」

先行スパンB「52」

・**RSI**

参照期間「14」

・**ローソク足**

「4時間足」「日足」

通貨ペアは米ドル／日本円がメインですが、ユーロ／日本円や英ポンド／日本円などもチェックして、エントリーサインが出ればトレードします。

押し目・戻りを狙ってエントリー

トレード前に、雲と基準線の位置でトレンドを判断します。雲と基準線がローソク足の下にあれば上昇トレンド、上にあれば下降トレンドです。基本的にトレンドと同じ方向にエントリーを狙います。

この手法のエントリーは、ローソク足と基準線の位置を確認し、ローソク足が基準線を反発した状態で確定してから行います。確定前にエントリーしてしまうとダマシになってしまう可能性があるので注意しましょう。

また、エントリー時に基準線と雲の向きがトレンド方向と同じ（買いの場合は上向き、売りの場合は下向き）なら、信頼性が高いと判断できるので投資額を増やします。

売りサイン
雲と基準線がローソク足の上にある状態で、ローソク足が基準線で反発した状態で確定したとき

買いサイン
雲と基準線がローソク足の下にある状態で、ローソク足が基準線で反発した状態で確定したとき

向山茂さん

エントリータイミング

買いエントリーの場合

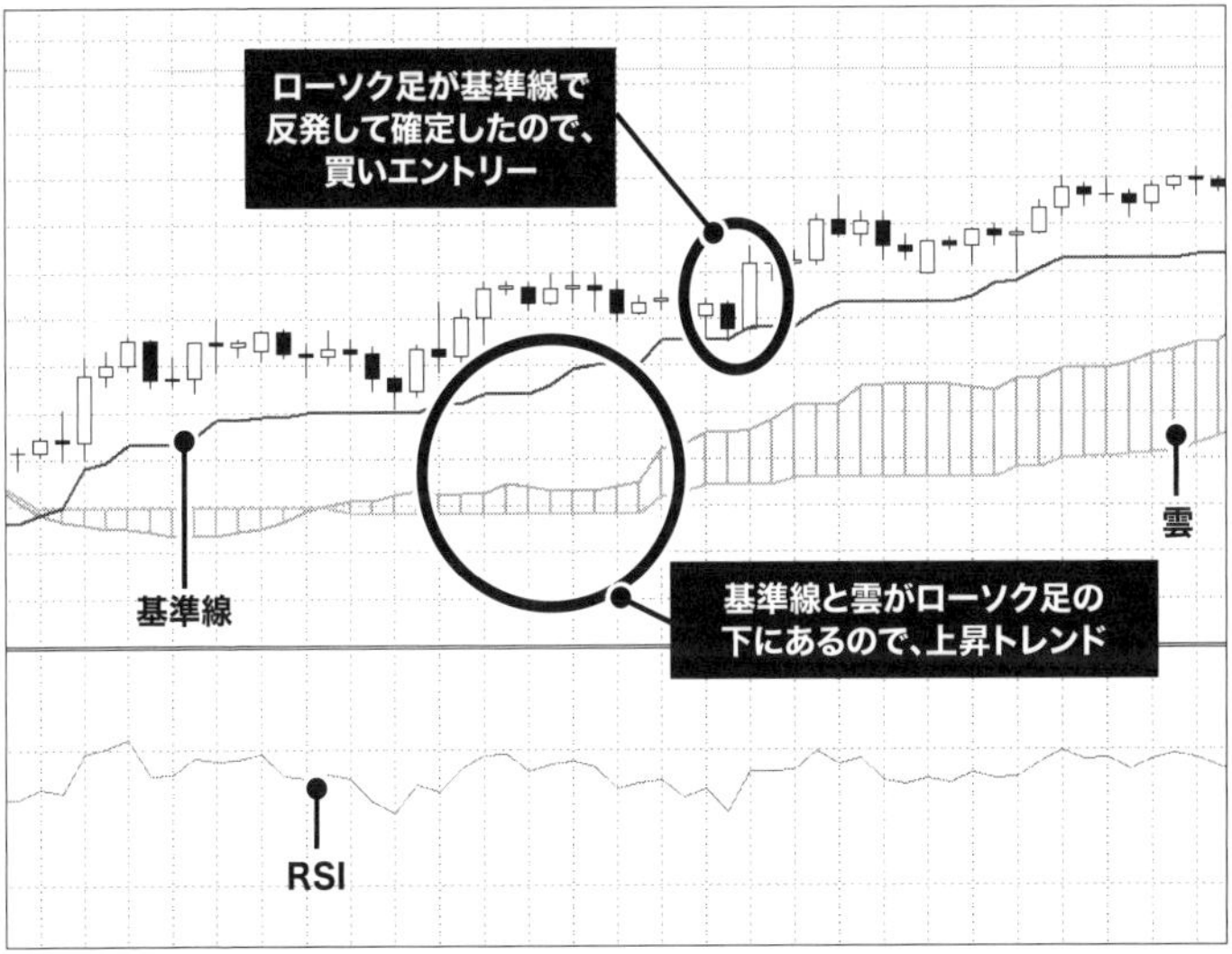
ローソク足が基準線で反発して確定したので、買いエントリー
基準線
雲
基準線と雲がローソク足の下にあるので、上昇トレンド
RSI

基準線と雲で判断したトレンドと同じ方向にエントリーするのが基本。エントリーはローソク足が基準線で反発した状態で確定してから行う。

ローソク足が確定するまで待とう！

POINT

トレンドの方向性は常に把握

雲と基準線の位置によるトレンドは常に把握しておきましょう。基準線や雲がトレンドとは逆方向になったときはトレンド転換の可能性もあるので注意が必要です。

イグジットの判断はたったひとつ！

02

基準線をブレイクしたらイグジット

私の手法のポイント

基準線をブレイクしたら含み益、含み損を問わずにイグジットします。また、イグジット後、基準線を再度ブレイクした場合は再エントリーをします。

▼ＲＳＩで今後の相場を分析する

エントリーしたら、相場動向を探ります。

ＲＳＩを見て今後の動きの予測を立てます。買いエントリー後にＲＳＩが70以上になった場合、トレンド転換する可能性が高いためイグジットの準備をします。売りエントリーの場合は、ＲＳＩが30以下になったらトレンド転換の可能性が高いと考えます。

また、30以下から上昇したり、70以上から下落を始めるとチャートもトレンド転換を始めます。後述するイグジットサインが出やすくなるので、イグジットの準備をしましょう。

基準線ブレイクでイグジット

具体的なイグジットのタイミングは、ローソク足が基準線をブレイクしたときです。基準線は抵抗線や支持線として機能しているので、基準線をブレイクしたときはトレンドが転換した可能性が高いと判断できます。そのため、含み益、含み損にかかわらずイグジットします（107ページ上図参照）。

このとき、ローソク味の実体が基準線を完全にブレイクした状態で確定したタイミングでイグジットします。確定前の場合、基準線で反発し結果的に基準線をブレイクしない場合もあります。

また、左ページ下図のようにローソク足が基準線をブレイクしたものの、すぐに再度ブレイクした場合、基準線と雲がともにエントリー方向と同じならローソク足が確定後に再エントリーします。

「基準線と雲が上向きなら上昇トレンドが継続していると判断しています。ただし、通常のエントリーに比べるとリスクが高いので資金に余裕がないときはこのエントリー方法は避けたほうがいいでしょう」

イグジットのタイミング

基準線をブレイクしたらイグジット

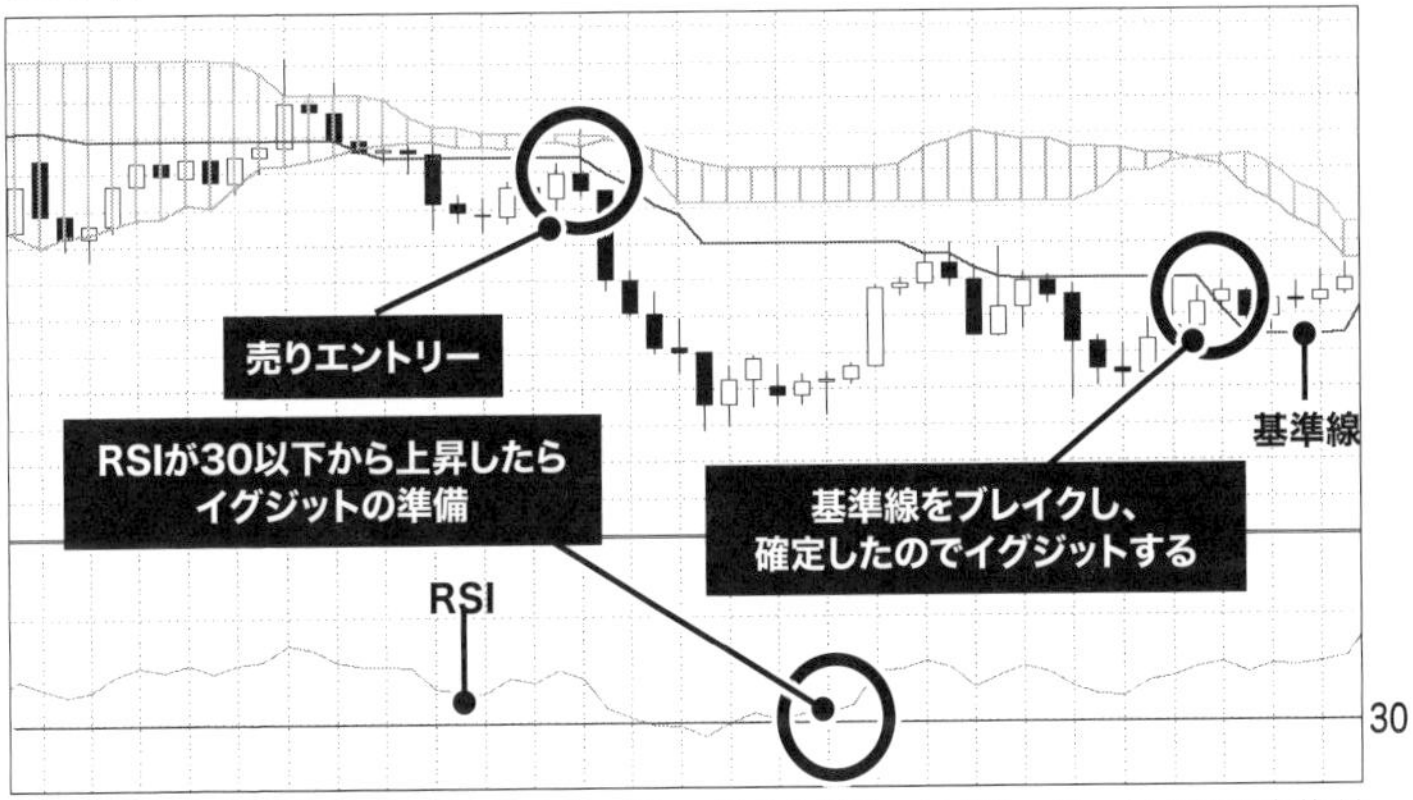

ローソク足が基準線をブレイクしたタイミングでイグジットする。ローソク足の実体が完全にブレイクしたタイミングでイグジットするのがポイント。

再エントリーのタイミング

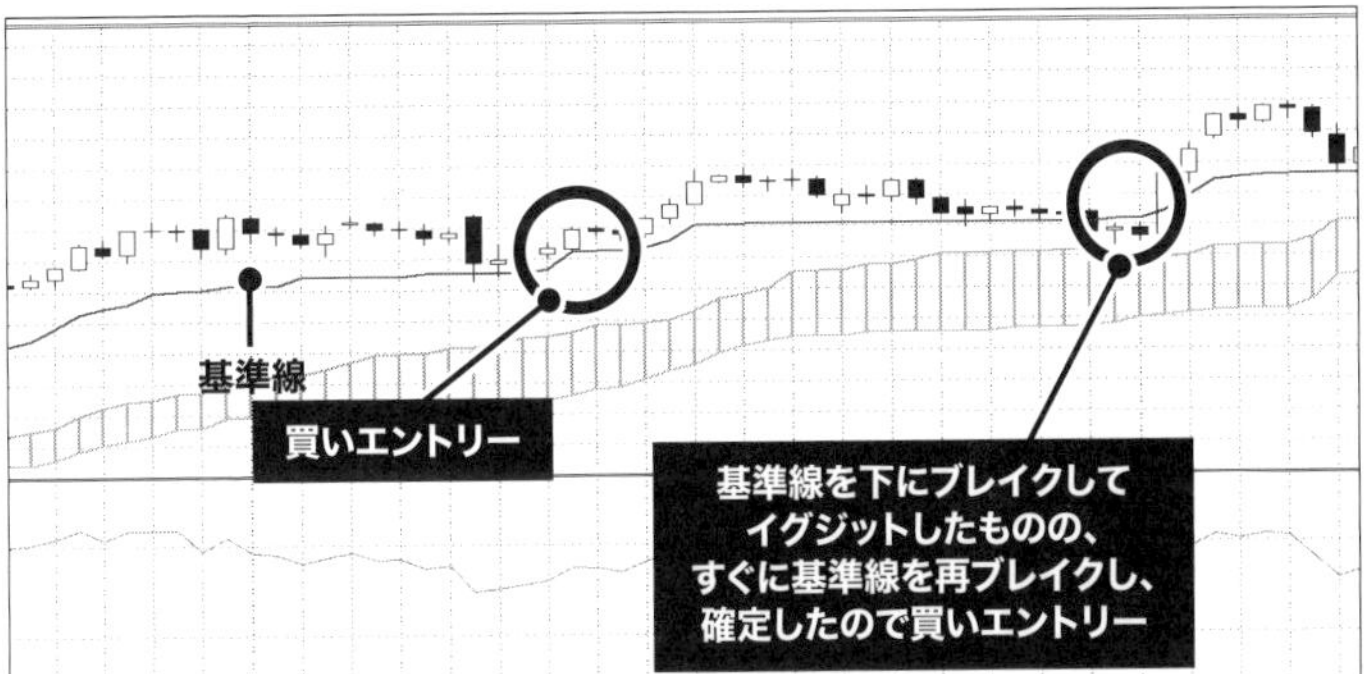

イグジット後すぐに基準線を再ブレイクした場合は、トレンドが続いていると判断して再エントリーを行う。ただし、再び反転するリスクがあるので投資資金に余裕があるときのみ再エントリーを行う。

直前のトレンドが重要！もみ合い相場からの雲ブレイクはエントリーしない

03

向山茂さんの手法②「雲ブレイク手法」

私のエントリーのポイント

雲のブレイクを狙ってトレードを行います。エントリーは直前までトレンドが発生している状態で雲をブレイクした場合に絞ります。

雲ブレイクでエントリー

向山さんのもうひとつの手法である雲ブレイク手法を説明します。
ローソク足が雲をブレイクしたときはトレンド転換を意味します。そのため、ローソク足が雲を下に抜けたら上昇トレンドから下降トレンドに転換したと判断できるので売りエントリー、上に抜けたら上昇トレンドに転換したと判断して買いエントリーになります。

エントリーは１１１ページ上図のようにローソク足が雲を完全に抜けた状態で確定してから行います。

ただし、１１１ページ下図のようにローソク足が雲の中でもみ合ってから雲をブレイクした場合はトレンドの方向性が定まっていないことが多いのでエントリーはしません。

エントリー直後の反転時の対処法

エントリー後すぐにローソク足が反転して雲の中に入ってしまった場合は、エントリー失敗と考えすぐに損切りをします。その後のローソク足の動きを見て、上下どちらかにブレイクしたら再エントリーします。

「再エントリーの場合は、通常の雲ブレイクに比べると、トレンド転換のサインとしての信頼性は低いので、投資額を減らします。リスクをできるだけ抑えたいのであれば、ここでのエントリーは避けましょう」

また、再エントリー後にもう一度ローソク足が反転して雲の中に入ってしまった場合は、もみ合い相場になったと判断して、損切りをしてトレードは終了します。

もみ合い相場になってしまうとしばらくの間はエントリーサインが出ないので、時間足や通貨ペアを切り替えて他のチャートでエントリーサインを待ったほうがいいでしょう。

エントリーのタイミング

雲をブレイクしたらエントリー

雲
直前のトレンドは
上昇トレンド
雲を下にブレイクしたので
売りエントリーする

直前のトレンドから反発するようにしてローソク足を雲を抜けたら、エントリーする。ローソク足の実体が完全に雲を抜けた状態で確定していることを確認する。

再エントリーをしない場合

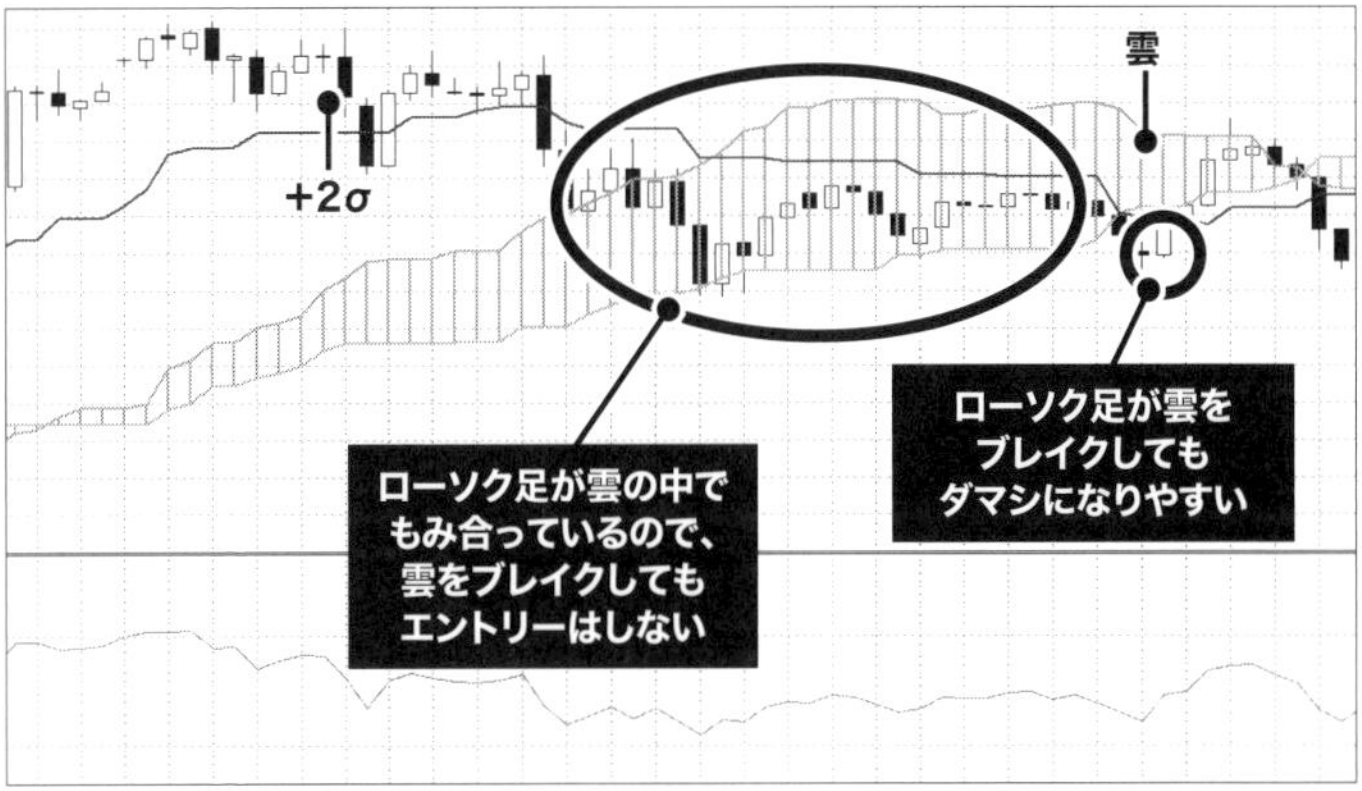
雲
+2σ
ローソク足が雲の中で
もみ合っているので、
雲をブレイクしても
エントリーはしない
ローソク足が雲を
ブレイクしても
ダマシになりやすい

ローソク足が雲の中でもみ合ってから雲をブレイクした場合はダマシになりやすいため、エントリーはしない。

04

ＲＳＩでイグジットタイミングを計る

私のイグジットのポイント

基準線によるイグジットに加え、ＲＳＩを利用してイグジットします。イグジット後は、エントリーサインが出やすいため、チャートのチェックを続けます。

RSIの動きを見てイグジットする

雲ブレイク手法でエントリーした場合は、ふたつのイグジットタイミングがあります。

ひとつ目は押し目買い・戻り売り手法と同じように基準線を利用したイグジットです。

これは104ページで説明したイグジット方法と変わらないので、同じようにイグジットしてください。

もうひとつはRSIを使った方法です。買いエントリーではRSIが70を超えた後に70以下になったタイミング、売りエントリーの場合は30を下回ってから30以上になったタイミングでイグジットをします。

ただし、トレンドの勢いによってはRSIの基準を変えることもあります。

「強力なトレンドがあきらかに続いている場合は、買いエントリーの場合は70を75、売りエントリーでは30を25に設定したり、もしくはRSIのサインは無視して基準線によるサインを待つ場合もあります。ただし、強力なトレンドかどうかは経験則で判断しているので、このような状況のときは強い、弱いとは一概には言えません」

慣れないうちはRSIの基準を変更せずにトレードを行い、トレードに慣れてきて、トレンドの強弱がわかるようになってから、考えてみるのもいいでしょう。

イグジット後はエントリーサインが出やすい

イグジット後は、トレンドが転換しやすい傾向があります。場合によってはイグジット後すぐにエントリーサインが出ることもあるので、チャートをチェックしましょう。

特に基準線を使ったイグジットの場合は、そのまま雲をブレイクすることが多いので、雲ブレイクのエントリーサインを見逃さないようにしましょう。

イグジットのタイミング

RSIを基準にイグジット

売りエントリーの場合は、RSIが30を下回ったあとに押し戻されて30以上になったらイグジット。買いエントリーの場合は、RSIが70を上回ったあとに押し戻されて70以下になったらイグジットする。

イグジット後はエントリーサインが出やすい

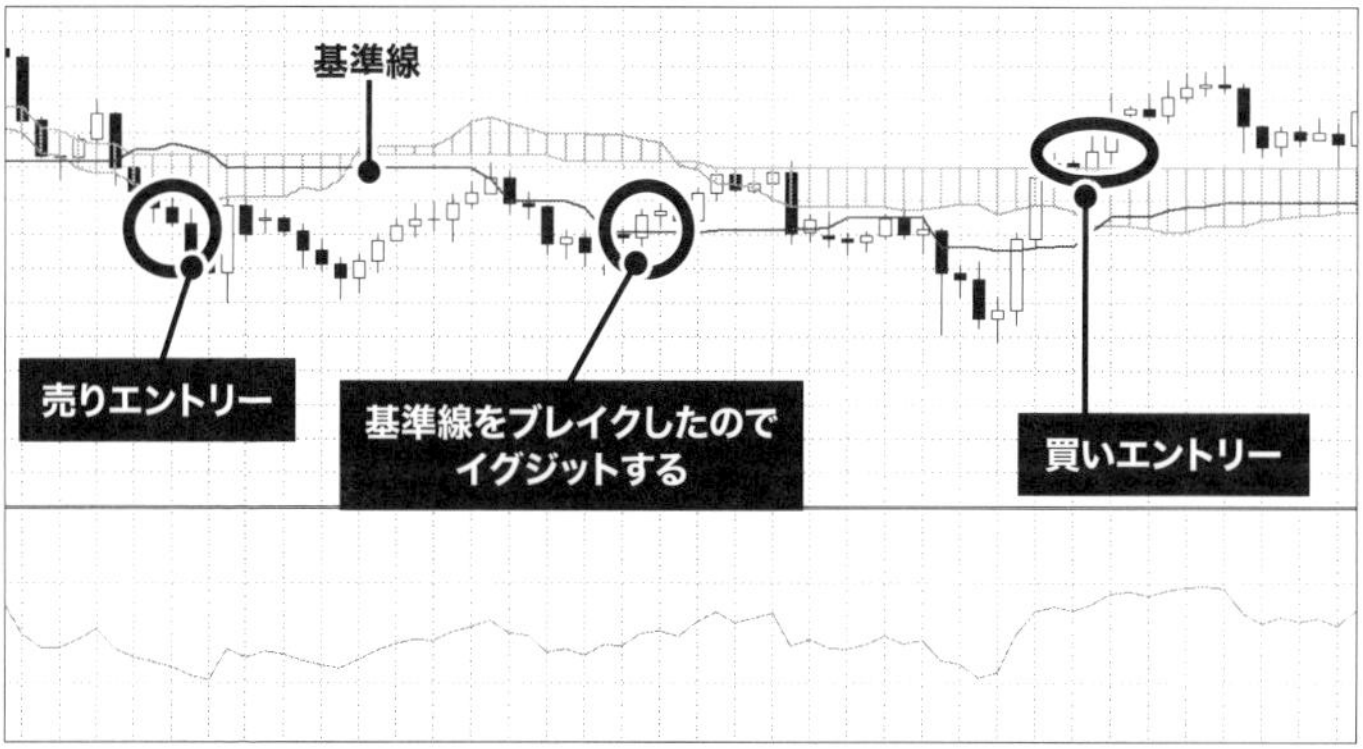

イグジット後はトレンドが反転する可能性が高いため、雲ブレイクによるエントリーサインが出やすい。引き続きチャートの動きをチェックしよう。

売買サインを厳密に見すぎないことや先行する雲の動きの確認が重要

05

儲けるためのテクニック

テクニック1 基準線ぴったりで反発しなくてもOK

チャートを見ていると基準線にぴったり揃えてローソク足が反発することはあまりありません。そのため、基準線から多少ずれていてもエントリーします。

基準線を使ったエントリーは押し目や戻りを狙うものなので、基準線にぴったり揃えてローソク足が反発することが重要ではありません。基準線は目安としているだけなので、基準線付近で反発していれば、押し目や戻りだと判断できます。

厳密に考えすぎてしまうとエントリーするチャンスが限られてしまうので、ある程度幅を持たせてエントリーを考えましょう。

向山茂さん

基準線からズレていてもエントリー

売りエントリーの場合

基準線
基準線から離れているが、売りエントリー

厳密に考えなくてOK

テクニック2 先行する雲の動きを確認する

強力なトレンドが発生していたり、もみ合い相場が続いていて、今後の相場の動きが読みにくい場合は、先行する雲の動きを確認するのが有効です。

たとえば、強力なトレンド発生中に先行する雲がねじれていればその付近でトレンド転換の可能性があります。逆に雲がねじれることなく推移しているなら、しばらくの間は強力なトレンドが続くと考えられます。

もみ合い相場の場合も同様に先行する雲がねじれていればその付近でトレンドが発生する可能性が考えられます。

また、ポジション保有中でも先行する雲がねじれていればトレンド転換によるイグジットサインの可能性が高くなります。

このように先行する雲の動きを見ることは、相場状況を予測するのに役立ちます。相場の動きが判断しにくい局面やポジション保有中などは雲の動きを確認してトレードに役立てるといいでしょう。

向山茂さん

先行する雲で相場を予測

雲を見て今後の相場を予想する

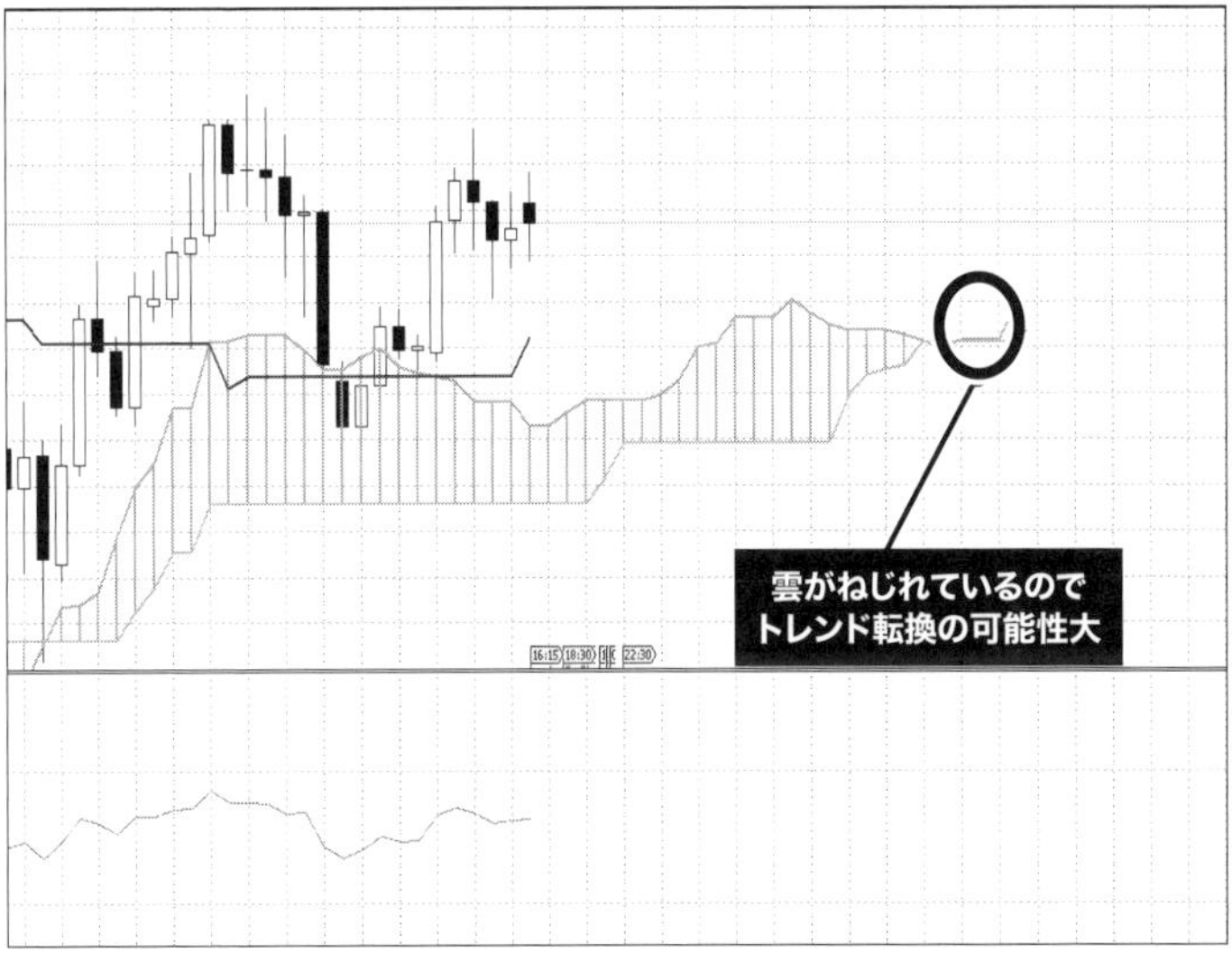
雲がねじれているので
トレンド転換の可能性大

雲のねじれは
トレンド転換のサイン

テクニック3

チャートのチェックは時間を決めて行う

向山さんはチャートのチェックは朝夕晩の3回に決めています。

「私の手法は中長期トレードなので、頻繁にチャートをチェックする必要はありません。ポジションを保有した直後は、トレンドの転換に備えて1時間に1回程度は動きをチェックしますが、それ以外は基本的に1日3回で十分です。チャートに張り付いてしまうと余計なトレードをしたくなってしまうので、避けています」

また、チャートをチェックする時間帯は4時間足が確定するタイミングにしています。これは、向山さんのトレード手法がローソク足が確定したタイミングで売買するからです。

「私の場合は、8時間に一度チェックしているので朝、夕、晩にチャートを見ていますが、日中仕事している人は4時間足が確定する時間帯で、チャートを見られるタイミングでチェックすればいいと思います」

テクニック4　大きく負けたら数日間トレードをしない

向山さんは大きく負けたら数日間トレードしないルールを作っています。

「私の手法の場合、ルールどおりにトレードできていれば大きく負けることはあまりありません。大きく負けるということは、手法どおりにトレードできなかった場合がほとんどなので、頭を冷やすためにトレードから離れます」

数日間トレードから離れて、リフレッシュできたらトレードを再開します。

大きく負けても冷静にトレードできるのであれば、構いませんが、人間である以上、常に冷静にトレードするのは難しいものです。

人によって、「大きな負け」と感じる損失額は異なるので、一概には言えませんが、向山さんの場合は1トレードで100pips以上の損失を出したらトレードから離れることに決めています。この数字が基準である必要はありませんが、自分なりの基準を作っておくようにしましょう。

テクニック5　長時間チャートを見られないときはイグジット

ポジション保有中に何らかの事情で長時間チャートをチェックできないときはイグジットします。中長期トレードなので、ポジション保有中にチャートを常にチェックすることは不可能です。

このことを曲解して、中長期ならポジション保有中にチャートを見なくてもいいと考えてしまう人がいるのですが、それは間違っています。最低でも1日に1回はチャートを見る必要があると向山さんは考えています。

特にある程度の含み益がある状態だと、チャートをチェックできない状態でもイグジットしない人もいますが、チャートをチェックできない間になにか大きなサプライズが発生してトレンドが変わる可能性もゼロではありません。

それによって含み益が減るどころか、マイナスになってしまう可能性もあるので、しっかりと事前にイグジットすることが重要です。

テクニック6　テクニカル指標とローソク足の関係性を理解しよう

うまくトレードできるようになるためにはテクニカル指標の動きとローソク足の動きの関係性を理解することが重要だと向山さんは考えています。

「ひとつひとつのテクニカル指標の動きとローソク足の関係性ではなく、使用しているテクニカル指標とローソク足の動きを把握することが重要です」

向山さんが使っているテクニカル指標はRSIと一目均衡表の雲と基準線ですが、たとえばRSIが下降して、雲と基準線が上昇しているときはローソク足がどのように動くのか、RSIと雲が上昇して、基準線が下降しているときはどうなのか、といったようにさまざまな組み合わせで使っているテクニカル指標とローソク足の関係性を確認していきます。

「これを行っていくことで、なんとなく、このあと上昇しそうだ、下降しそうだということがわかってくるので、ぜひ実践してみてください」

ローソク足が雲の中で反発し、ＲＣＩがクロスしたタイミングでエントリー

01

酒井泉さんの手法①「雲反発手法」

私の手法のポイント

ＲＣＩと一目均衡表の基準線と雲を使った中長期トレードです。ローソク足が雲の中で反発したときを狙ってエントリーをします。

▼雲と基準線、ＲＣＩでトレードをする

坂井泉さんの投資手法は、ＲＣＩと一目均衡表の基準線と雲を使った雲反発手法と雲ブレイク手法（132ページ参照）のふたつの中長期トレードです。

坂井泉さん

テクニカル指標の設定は共通で次のようになります。

・一目均衡表

転換線「9」

基準線「26」

先行スパンB「52」

・RCI

参照期間「9」「26」

・ローソク足

「1時間足」「4時間足」「日足」

通貨ペアは米ドル／日本円、ユーロ／日本円、英ポンド／日本円の3通貨ペアをメインにトレードを行っています。

▼雲の中で反発したらエントリー

ここでは、雲の中で反発するタイミングを狙う「雲反発手法」を紹介します。

まず、ローソク足が雲の中で推移しているチャートを探します。そのチャートを見つけたら、ローソク足が雲の中で反発したタイミングでＲＣＩがデッドクロスかゴールデンクロスするのを待ちます。ＲＣＩがクロスしたら、位置を確認し、買いの場合（ゴールデンクロス）はマイナス50以下、売りの場合（デッドクロス）はプラス50以上のときのみエントリーします。

「ゴールデンクロスやデッドクロスのタイミングは多少ずれても構いません。ローソク足が反発したときにＲＣＩの動きを見て手前でクロスしていたり、あと少しでクロスしそうなときもエントリーします」

売りサイン

ＲＣＩがプラス50以上でデッドクロスし、ローソク足が雲の中で反発した状態で確定したとき

買いサイン

ＲＣＩがマイナス50以上でゴールデンクロスし、ローソク足が雲の中で反発した状態で確定したとき

エントリータイミング

売りエントリーの場合

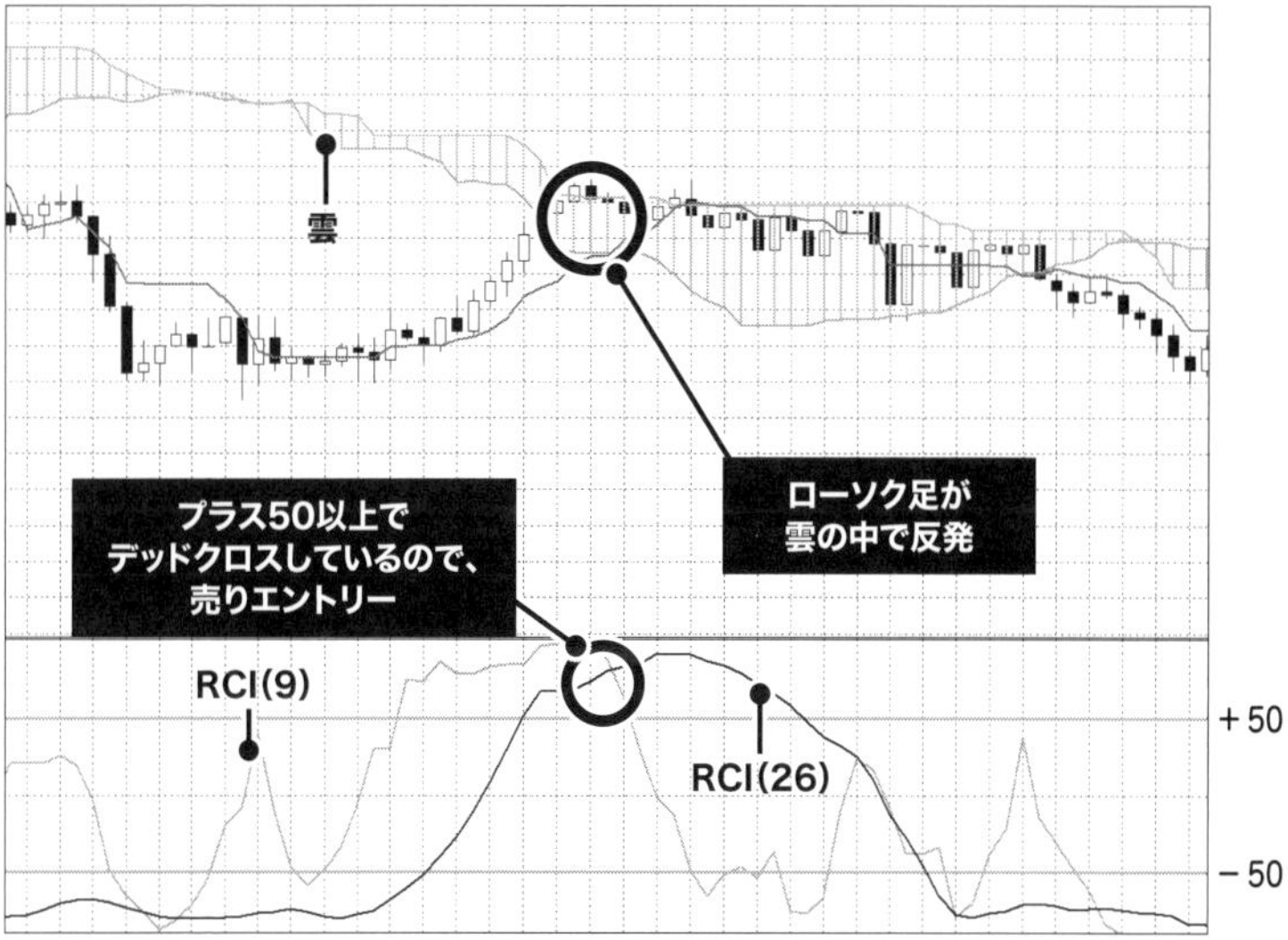
雲
ローソク足が
雲の中で反発
プラス50以上で
デッドクロスしているので、
売りエントリー
RCI(9)
RCI(26)
+50
−50

雲の中で反発したタイミングでRCIがゴールデンクロスやデッドクロスしていればエントリーする。

ローソク足の反発と
RCIのクロスが重要

POINT

クロスは多少ずれても OK

RCIのクロスは反発と同時である必要はありません。多少ずれていてもローソク足の反発が確認できたらエントリーします。

3つのイグジット基準をしっかり確認しよう

02 3つのイグジット基準を把握する

私のイグジットのポイント

エントリー後、ローソク足が基準線をブレイクし、再び基準線をブレイクしたときや、雲の上限や下限にタッチしたとき、雲を上抜け、下抜けしたときにイグジットします。

3つのイグジットを覚える

「雲反発手法」では、イグジットタイミングは3つあります。
ひとつは、基準線をブレイクしたあとに再度ブレイクしたときです。

坂井泉さん

たとえば、買いエントリー後にローソク足が一度基準線を上にブレイクしたあとに、基準線を下にブレイクしたらその時点でイグジットします。

坂井さんによるとこのイグジットサインは「利益が出るケースが多い」といいます。

ふたつめのイグジットのタイミングは雲の上限、または下限にタッチしたタイミングです。

買いエントリーした場合は雲の上限、売りエントリーした場合は雲の下限にタッチしたタイミングでイグジットします。

雲の中を推移するローソク足は雲の上限下限で反発しやすいため、このタイミングでイグジットを狙っていきます。

最後は雲を上抜け、または下抜けしたタイミングです。

買いエントリーの場合はローソク足が雲を下抜けたとき、売りエントリーの場合はローソク足が雲を上抜けしたタイミングでイグジットします。

ローソク足が雲抜けするとその方向に強いトレンドが出る可能性があります。エントリーとは逆方向に雲抜けした場合は損失を抑えるためにイグジットを行います。

▼連続でトレードしない

ローソク足が雲の中で動いているときのトレードは1回に絞ります。

たとえば、買いサインが出たあとのポジション保有中に、売りサインが出たからといって売りエントリーをすることはありません。ローソク足が雲の中に長時間留まることは少なく、上下どちらかに雲抜けする可能性が高いからです。

坂井泉さん

イグジットのタイミング

基準線を2度ブレイク

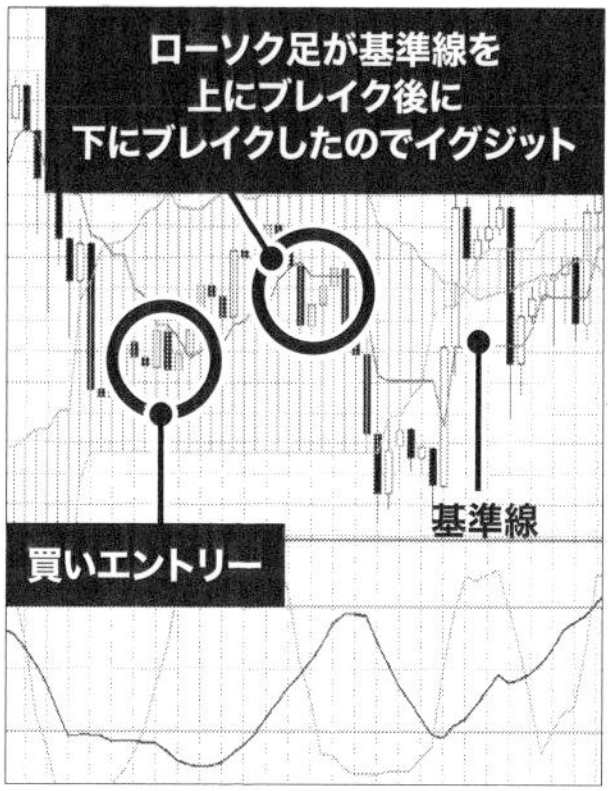
ローソク足が基準線を
上にブレイク後に
下にブレイクしたのでイグジット
買いエントリー
基準線

ローソク足の実体が基準線をブレイクしたタイミングでイグジットする。

雲の下限にタッチ

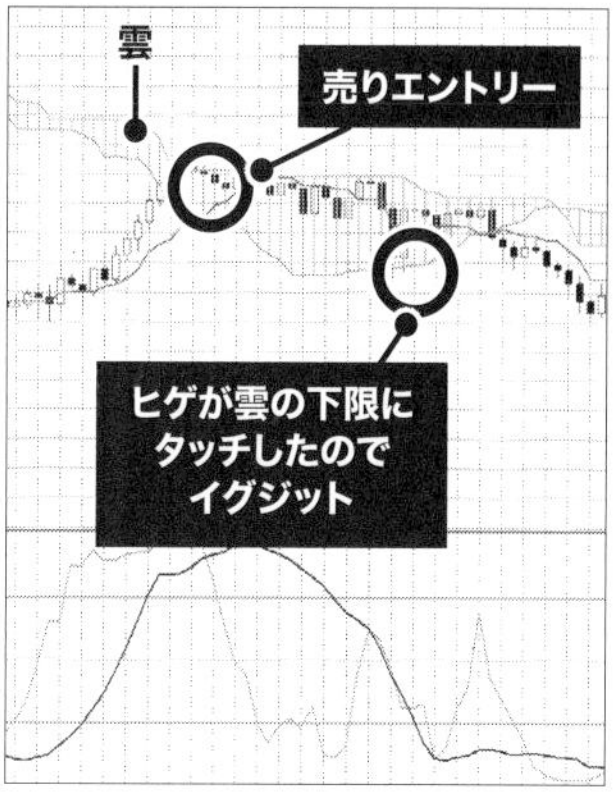
雲
売りエントリー
ヒゲが雲の下限に
タッチしたので
イグジット

雲の下限や上限を基準にする場合はヒゲがタッチしてもイグジットする。

雲を上抜け、下抜けは失敗トレード

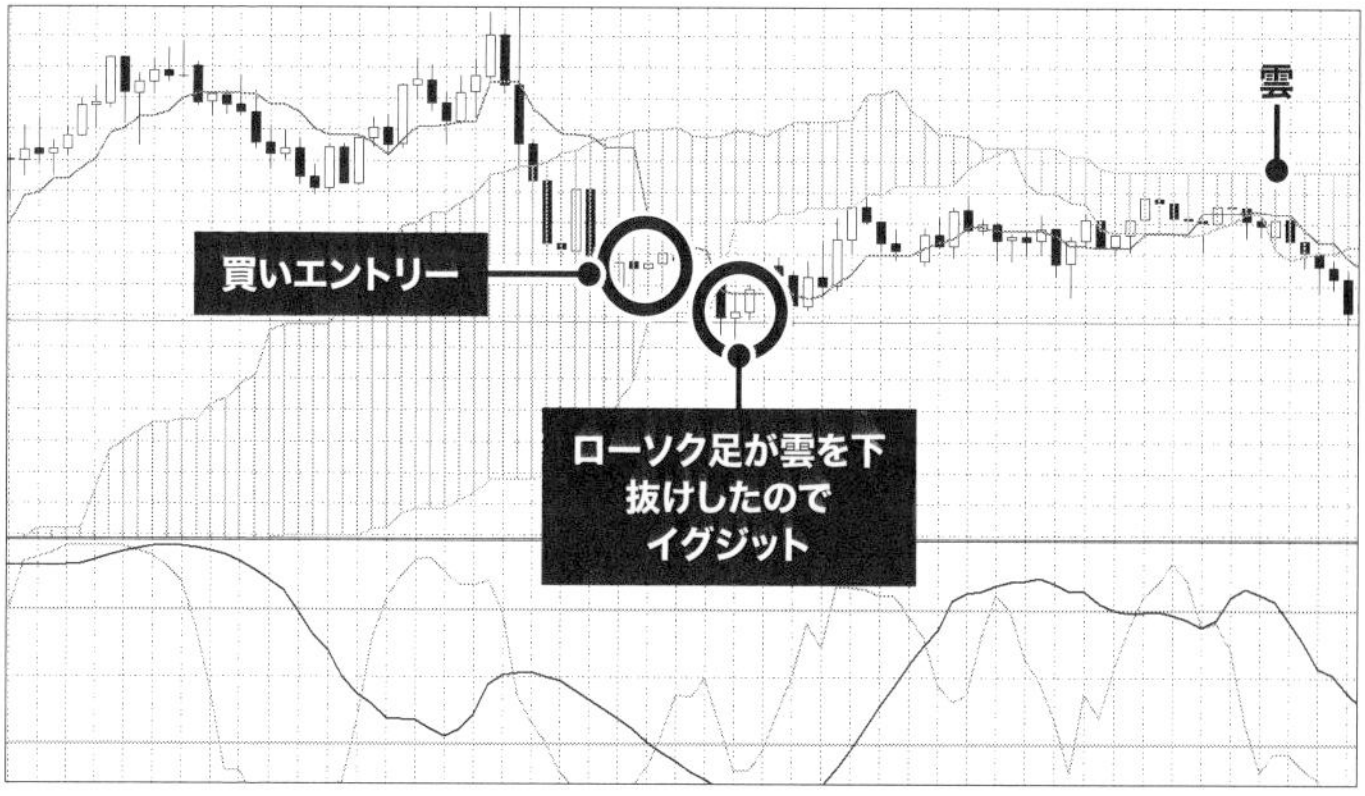
雲
買いエントリー
ローソク足が雲を下
抜けしたので
イグジット

買いエントリー後にローソク足が雲を下抜けしたり、売りエントリー後にローソク足が雲を上抜けしたらイグジットする。

基準線の方向が重要！　リスクを抑えるならＲＣＩのサインも併用する

03

酒井泉さんの手法②「雲ブレイク手法」

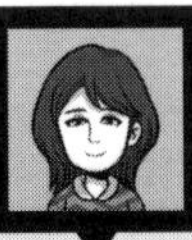

私のイグジットのポイント

ＲＣＩと一目均衡表の基準線と雲を使った中長期トレードです。ローソク足が雲の中で反発したときを狙ってエントリーをします。

▼ローソク足の雲ブレイクでエントリー

坂井さんのもうひとつの投資手法ではローソク足の雲ブレイクのタイミングを狙います。

坂井泉さん

エントリーするときは基準線の位置と向きに注目します。雲を上にブレイクしたときに、基準線がローソク足の下にあり線が上向きなら買いエントリー、雲を下にブレイクしたときに基準線がローソク足の上にあり、線が下向きなら売りエントリーします。

ブレイクしたときの基準線の方向が重要なので、135ページ下図のようにブレイク後、基準線の方向が変わってからエントリーをしてはいけません。

リスクを抑えるならRCIを併用

よりリスクを抑えたいのであれば、RCIのサインを併用しましょう。

125ページで説明した方法と同じように、雲ブレイクしたタイミングで、買いの場合はマイナス50以下でゴールデンクロス、売りの場合はプラス50以上でデッドクロスが発生している場合のみエントリーをします。

エントリーチャンスは減ってしまいますが、その分勝率は上がります。投資資金が少ない場合など、リスクを避けたいときはこちらのエントリー方法を使いましょう。

▼4時間足と日足のみでトレード

雲ブレイクのエントリーは4時間足と日足のみでトレードします。

1時間足は、4時間足や日足に比べダマシが発生する可能性が高いため、リスクを考えトレードをしません。

また、通貨ペアも値動きが激しくダマシが出やすい英ポンド/日本円は外し、米ドル/日本円かユーロ/日本円のみでトレードします。

坂井泉さん

雲ブレイクによるエントリー

買いエントリーの場合

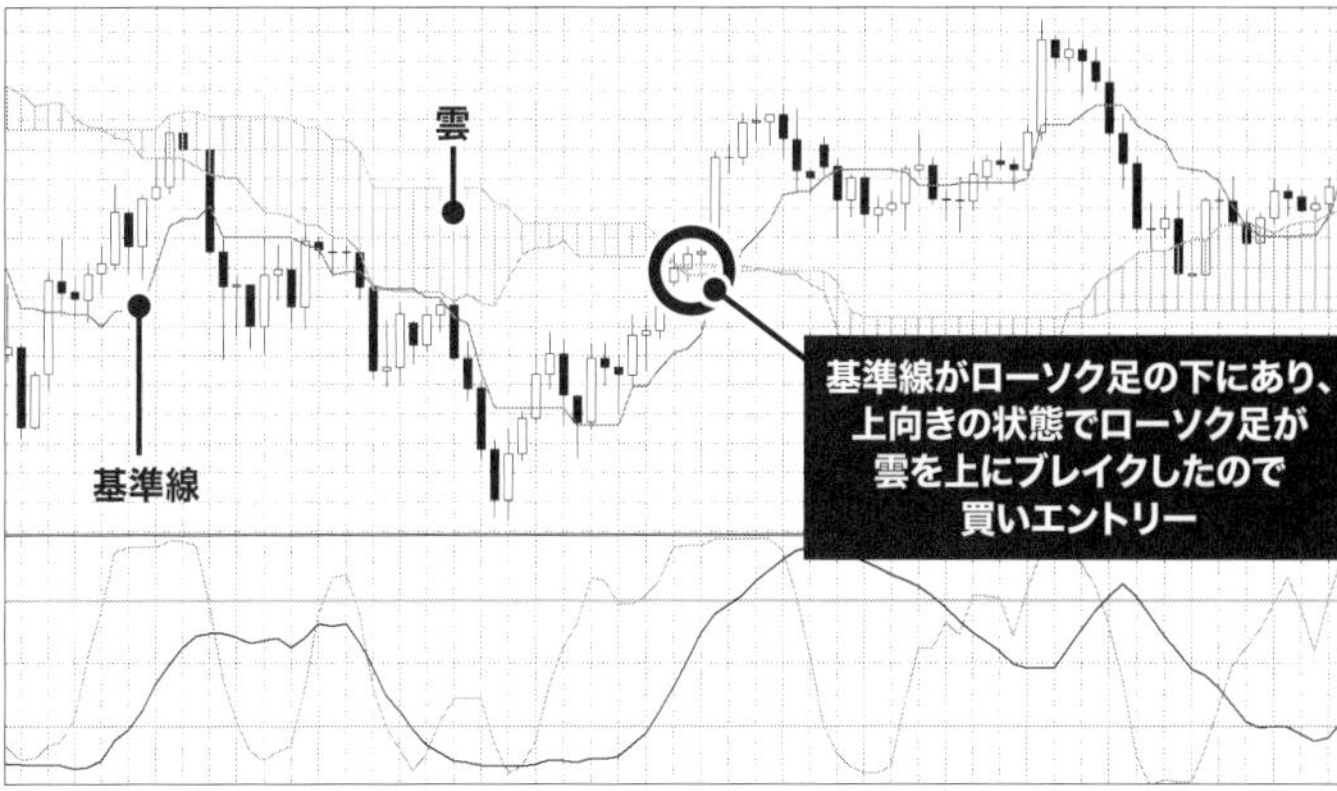

雲ブレイクによるエントリーはローソク足の実体が完全に雲をブレイクした状態で確定したら行う。

雲ブレイクでエントリーしないパターン

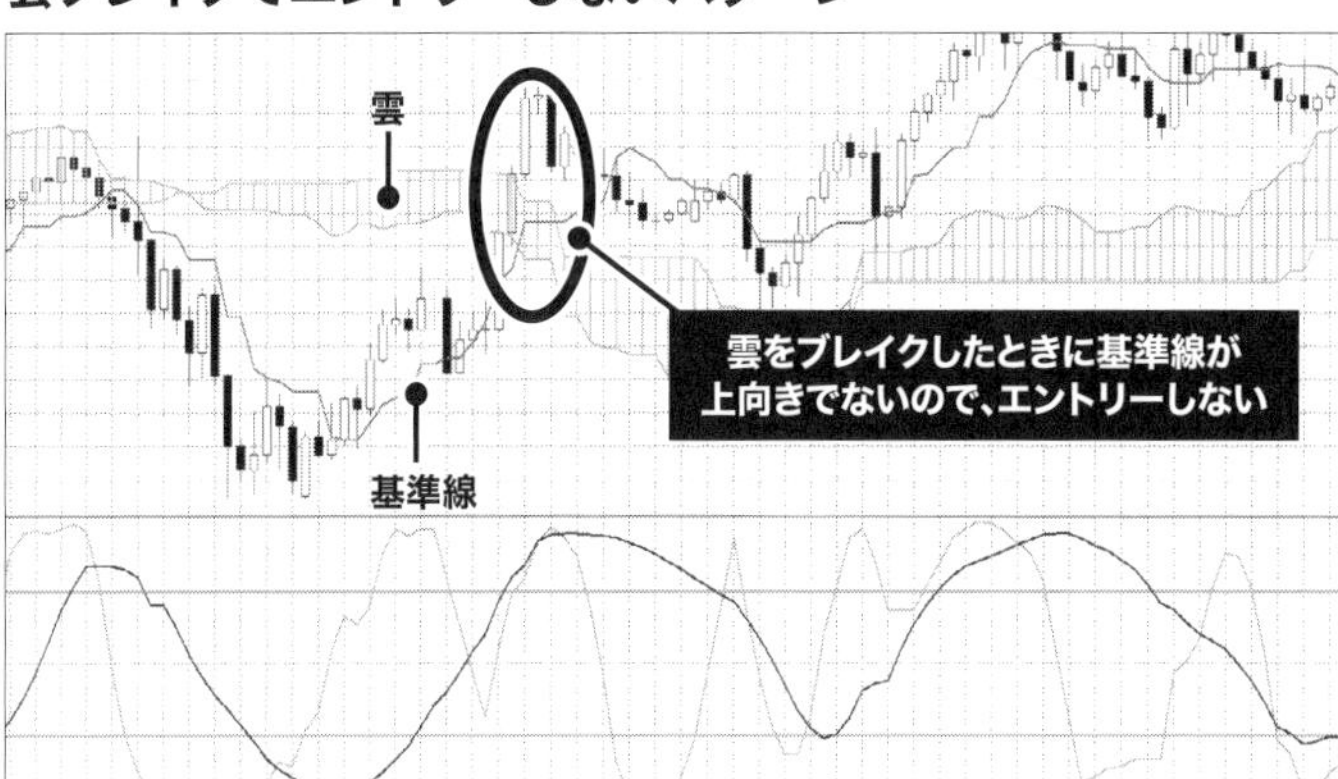

ローソク足が雲をブレイクしたときに基準線の傾きが逆だったり、傾きがない状態のときはトレンドの勢いが弱いと判断してエントリーしない。

ローソク足が雲の中に戻ったり、ＲＣＩの動きを見てイグジット

04

イグジットはＲＣＩと雲が基準

私のイグジットのポイント

ＲＣＩの動きからトレンドが変わったと判断できるタイミングでイグジットします。また、ローソク足が雲の中に戻った場合もトレンドが変わったと判断してイグジットします。

▼ＲＣＩの動きでイグジットする

雲ブレイクによるエントリーの場合、イグジットタイミングはふたつあります。
ひとつめは参照期間26のＲＣＩの動きを基準にしたものです。

坂井泉さん

買いエントリーの場合はＲＣＩがマイナス50を下に抜けたあとにマイナス50以上になったタイミング。売りエントリーの場合はＲＣＩがプラス50以上になった後にプラス50を下回ったタイミングです。

参照期間26のＲＣＩが±50を抜けたタイミングは、トレンドが終わるタイミングになりやすいため、この基準を採用しています。

雲の中にローソク足が戻ったらイグジット

ふたつめのイグジットのタイミングはローソク足が雲の中に入ったタイミングです。

ローソク足の実体が雲の中に入った状態で確定したらイグジットします。

エントリー直後にこのイグジットを行った場合は失敗トレードになり、エントリーからしばらくしてのイグジットのタイミングだと成功トレードになりやすい傾向があります。

▼雲の中にローソク足が戻ったらイグジット

雲ブレイクによるエントリーは強力なトレンドに乗ったトレードになることも多いため、保有期間が長くなる傾向があります。とくに、日足でのトレードの場合、半年以上間保有することもあります。

ポジション保有中は1日1度はチャートをチェックすることを心がけてください。

1日で相場が一気に変動することもあるので、ポジション保有直後は値動きによっては大きな含み損になってしまうこともあります。

坂井泉さん

雲ブレイクによるエントリー

買いエントリーの場合

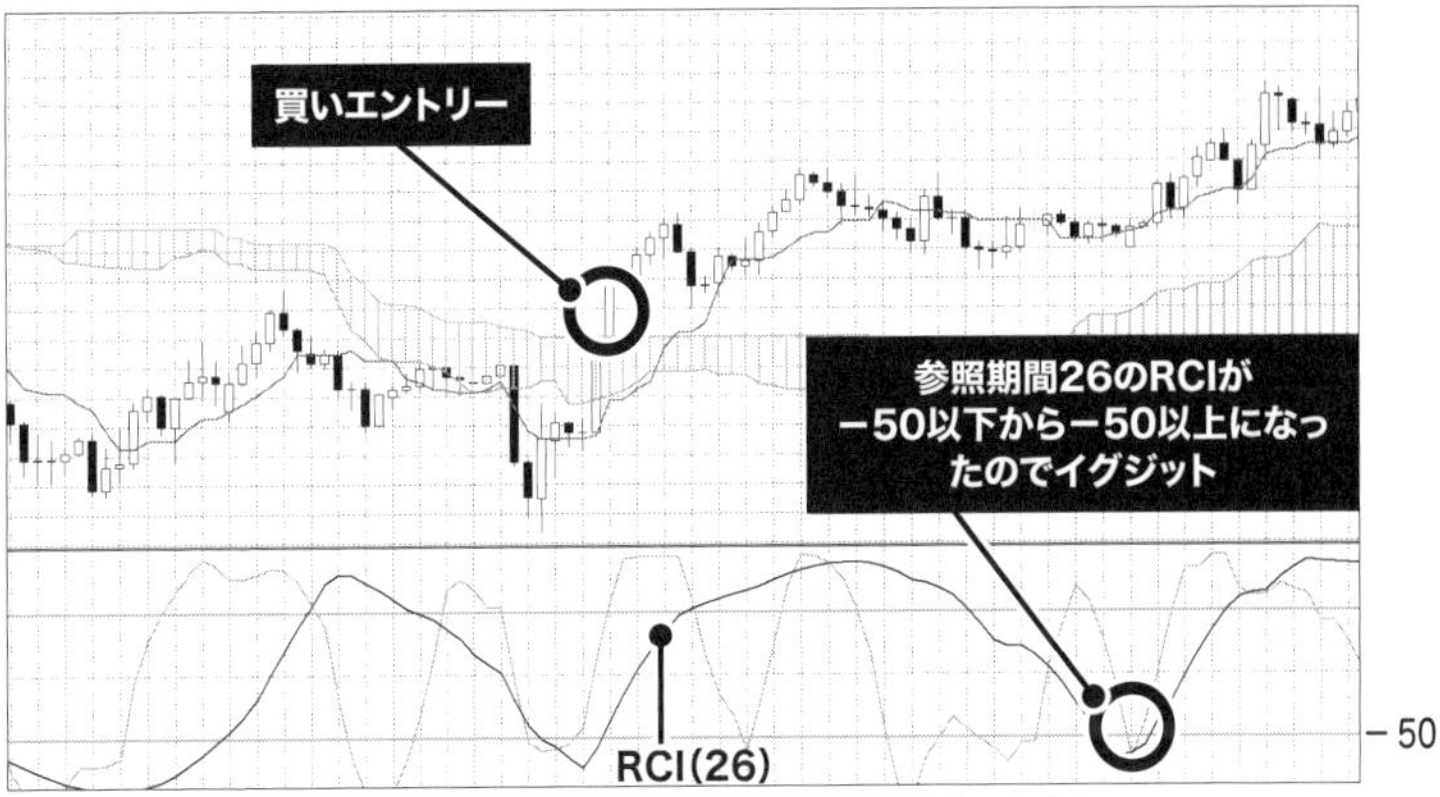

ローソク足の実体が基準線をブレイクしたタイミングでイグジットする。

ローソク足が雲の中に戻ったらイグジット

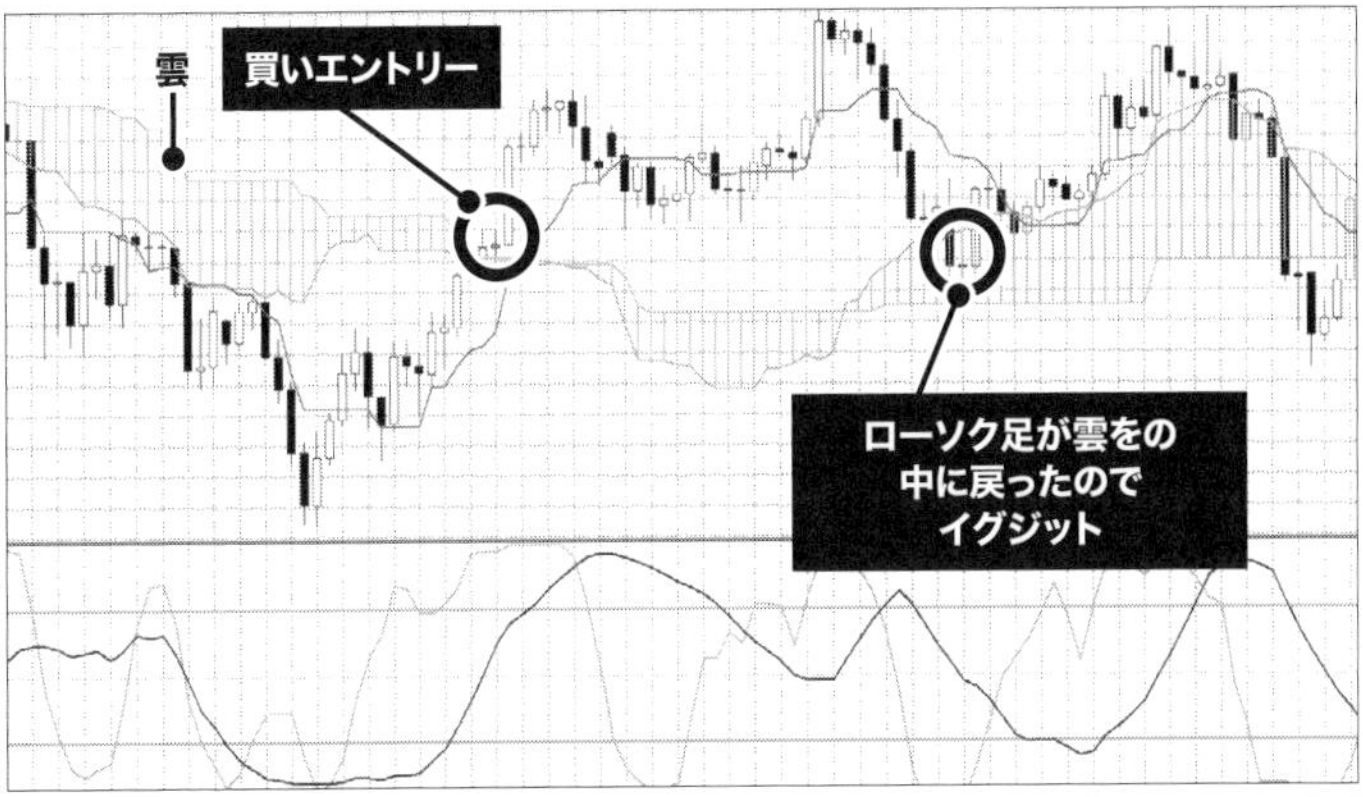

買いエントリー後にローソク足が雲を下抜けしたり、売りエントリー後にローソク足が雲を上抜けしたらイグジットする。

基準線をチェックしたり、相場状況でイグジットを判断

05

儲けるためのテクニック

テクニック1 ポジション保有中は基準線をチェック

エントリー時に基準線の方向をチェックすることは133ページでも解説しましたが、坂井さんはどちらの手法でも、ポジション保有中にチャートをチェックするときも必ず基準線の方向を確認しています。

基準線は短期的なトレンドの確認にも役立ちます。

たとえば、買いポジション保有中であれば、基準線が下向きになったらそろそろ上昇トレンドが終わってイグジットサインが出るかもしれないと判断できます。

相場動向を分析するのに役立つので基準線の動きとローソク足の動きの関連性は把握しておきましょう。

基準線で相場を分析する

イグジットサインの手前で基準線は反転しやすい

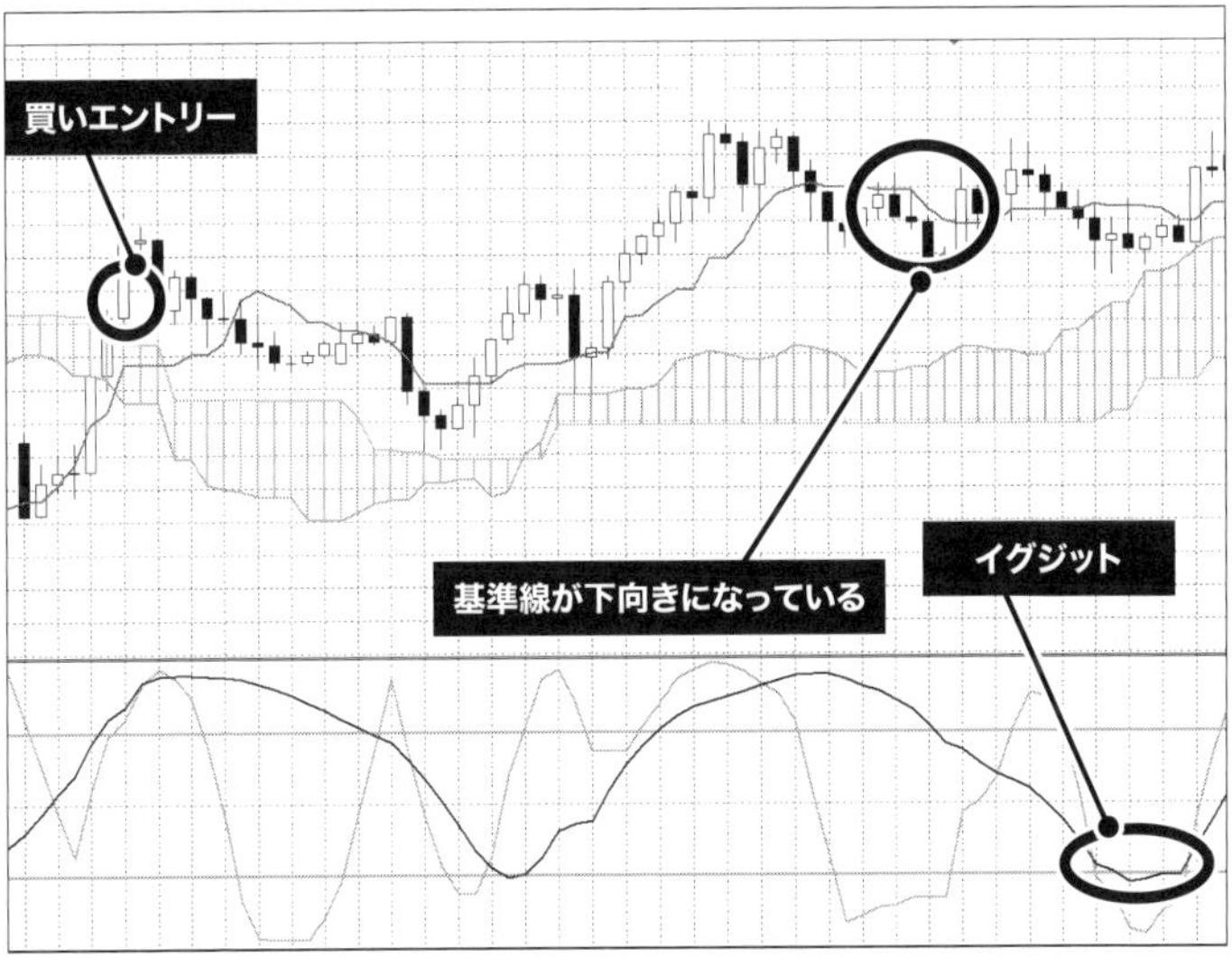

基準線が下向きになったあとにイグジットサインが出ている。

テクニック2

1時間足チャートでトレードするときは目を離さない

坂井さんは1時間足チャートでのトレードをするときはチャートから目を離さないことを心がけています。

「日足や4時間足の場合は、目を離していても特に問題はないのですが、1時間足の場合は目を離した隙にイグジットサインが出ているといったことがあります。そのため、1時間足でトレードするときは目を離さないようにしてください」

坂井さんは1時間足チャートに限っては含み益や含み損の状況にかかわらず、寝る前にイグジットしています。

坂井さんの平均睡眠時間は6~7時間です。ローソク足でいうと1時間足の場合は6~7本分なので、その間にイグジットサインが出る可能性があります。場合によっては大きく値が変動して大きな損失になってしまう可能性もあります。

なお、4時間足なら1本半程度、日足なら4分の1本程度なので大きな問題にはなりにくいです。

坂井泉さん

1時間足チャートからは目を離さない

数時間で大きく動くことがある

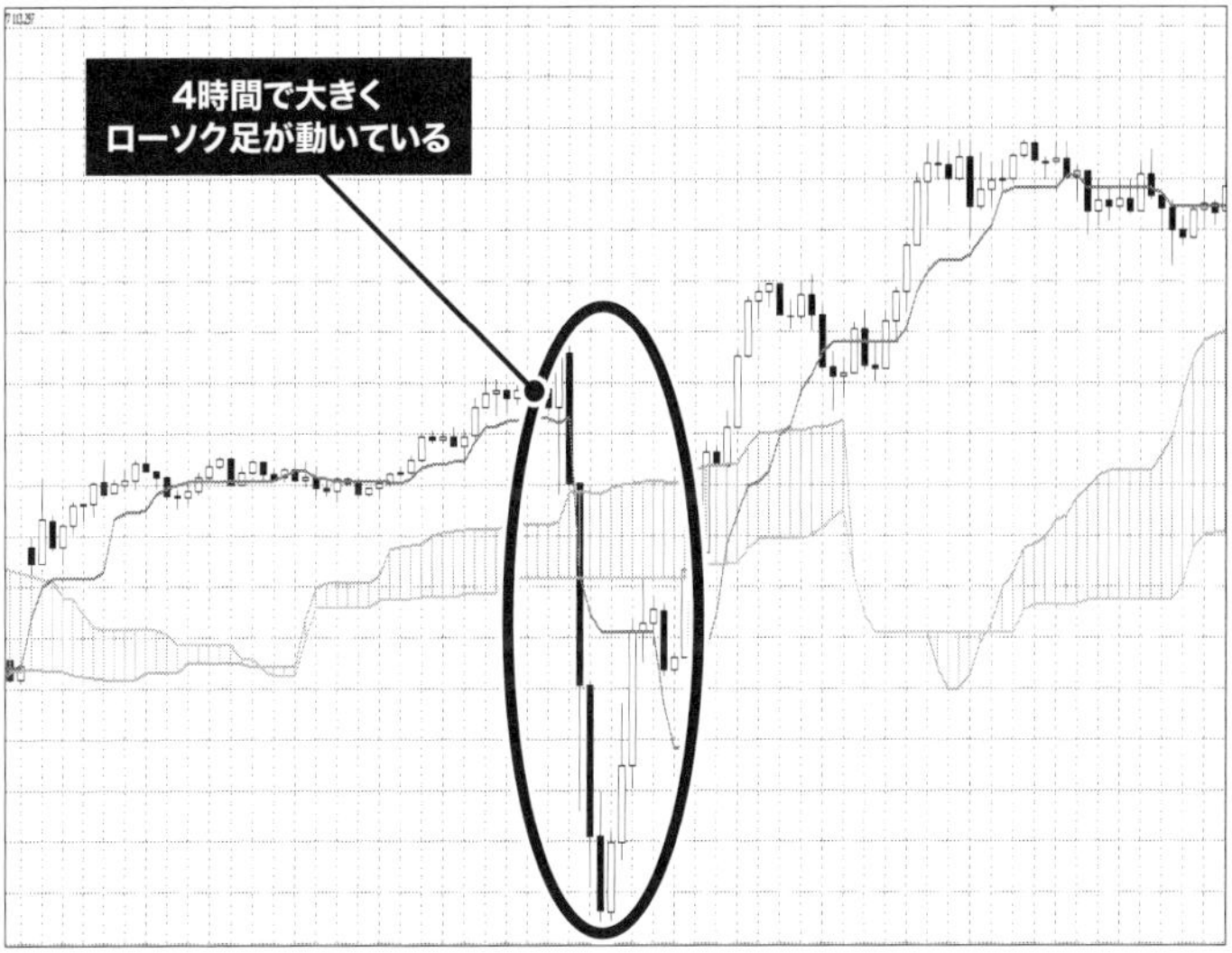
4時間で大きく
ローソク足が動いている

1時間足チャートの場合、4時間足や日足に比べ短期トレードになりやすいので、チャートから目を離すことは避けることが重要。

寝る前にイグジットしておきましょう

テクニック3 イグジットタイミングは状況に応じて変える

128ページと136ページではイグジットタイミングについて解説しました。基本的にはローソク足が確定したタイミングで条件が揃っていればイグジットしますが、場合によっては確定前にイグジットすることもあります。

それは、エントリーした方向とは逆方向に長いローソク足が出現したときです。

たとえば、128ページで紹介した雲抜けでのイグジットの場合、買いエントリー後にローソク足が雲を下に抜けた状態で下落が続き、長いローソク足の形になり、反転する気配がない場合は確定前にイグジットします。

ローソク足が確定するまで待つ理由は、ダマシを避けるためです。雲抜け直後などは反転する可能性があるため、すぐにイグジットしませんがあきらかにダマシではない動きをしていて、含み損が増える方向にローソク足が動いている場合は確定前にイグジットしてしまって構いません。

テクニック4　ポジションの管理はしっかり行う

坂井さんはポジション管理をしっかり行うことも、勝ち続けるためには必要だといいます。

相場の状況によっては複数ポジションを持つことが珍しくありません。そのため、それぞれのポジションの状況は必ずチェックしておきましょう。坂井さんが知るあまり勝てていない投資家は、すべてのポジションにおいてトータルの損益だけを見て、個別ポジションの含み損や含み益を把握していないことが多いそうです。特にトータルで含み益になっているとそれだけで満足してしまい、個別ポジションの状況確認がおろそかになってしまいます。

個別のポジションの状況を見ていないがゆえに一つひとつのトレード内容が雑になり結局トータルでも負けてしまいます。

複数ポジションを持っていても個別のポジションの状況を常に把握し、トレードすることが重要です。

テクニック5 中長期トレードをするならファンダメンタルズも確認

日足や4時間足を使った中長期トレードをするならファンダメンタルズ分析も必要です。特に要人発言や米国金利、世界経済についての情報を集めておきましょう。

中長期トレードで必要な情報はテレビのニュースなどで得られるもので十分です。雇用統計などの指標発表による相場への影響は短期的なものなのでよほどのサプライズでもないかぎり、中長期トレードにおいてはあまり影響はありません。

また、相場に大きな影響を与えるのはどのような時なのかを知っておくことも重要です。過去チャートを見て、大きく相場が変動しているときはなにかしらのファンダメンタルズ要因が働いているので、日付と国名などで検索するれば原因が調べられるはずです。過去チャートからどのようなときに相場が変動するのかがわかっていればトレードする手助けになるのであらかじめ調べておきましょう。

テクニック6 雲の動きとローソク足の動きを観察する

坂井さんの手法は雲が中心となっているので雲とローソク足の動きの関連性はしっかりと把握しておく必要があります。過去チャートを見て、雲が厚くなったとき、薄くなったとき、上昇しているとき、下降しているときなどにローソク足がどのように動いているのかを一つひとつ確認していきましょう。

「慣れてくると雲の動きを見るだけでだいたいのローソク足の動きがわかってきます」と坂井さんはいいます。

また、ローソク足が激しく動くと雲が機能しなくなることもあるので、ローソク足がどのくらいの変動をしたときに雲が機能しなくなるのかも確認しておいたほうがいいでしょう。

雲とローソク足の関連性がわかってきたら、ＲＣＩとローソク足の関連性、基準線とローソク足の関連性といったように使用しているテクニカル指標との関連性も確認していきましょう。

雲とMACDで売買タイミングを計る

01

花輪拓馬さんの手法「MACDクロス手法」

私のエントリーのポイント

MACDとシグナルのクロスに、雲とローソク足で判断したトレンドに合わせてエントリーを狙います。

▼雲とMACDでトレードする

花輪拓馬さんの投資手法は一目均衡表の雲とMACDを使ったMACDクロス手法のみでトレードしています。

花輪拓馬さん

使用しているテクニカル手法は以下のようになります。

・**一目均衡表**
転換線「9」
基準線「26」
先行スパンＢ「52」

・**ＭＡＣＤ**
参照期間「9」「26」

・**ローソク足**
「1時間足」「4時間足」「日足」

通貨ペアは米ドル／日本円、ユーロ／日本円、英ポンド／日本円、ユーロ／米ドルの４種類を使います。

▼トレンドの状況によって手法が異なる

具体的なエントリーのタイミングは、ＭＡＣＤのデットクロスと、ローソク足が雲の下で推移している条件が整ったら売りエントリー、MACDのゴールデンクロスと、ローソク足が雲の上で推移している条件が整ったら買いエントリーです。エントリーはローソク足が確定するまで待ちます。一般的なMACDの使い方では0ラインも判断基準にしますが、売買サインが少なくなってしまうため採用していません。

また、MACDのクロス時、ローソク足が雲の中にある場合はエントリーしませんが、クロス後、ローソク足1～5本以内で雲をブレイクしたり、反発したときはエントリーします。

売りサイン

MACDがデッドクロスしたときにローソク足が雲の下で推移しているとき

買いサイン

MACDがゴールデンクロスしたときにローソク足が雲の上で推移しているとき

エントリータイミング

買いエントリーの場合

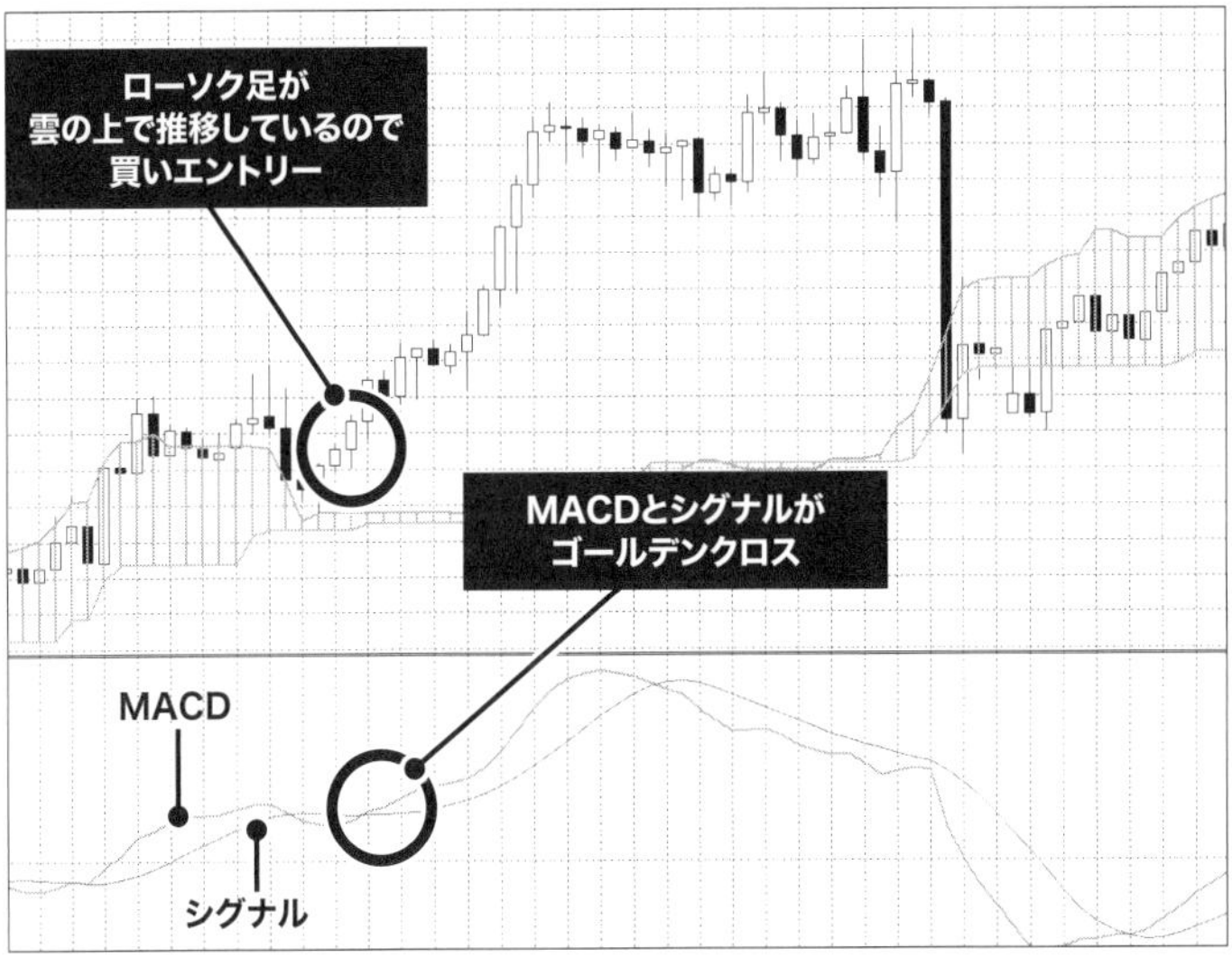
ローソク足が
雲の上で推移しているので
買いエントリー
MACDとシグナルが
ゴールデンクロス
MACD
シグナル

ローソクが雲の上で推移している状態でMACDがゴールデンクロスが発生したので買いエントリー。エントリーはMACDがクロスした状態でローソク足が確定したタイミングで行う。

エントリーはローソク足が
確定するまで待つ

POINT

状況に応じて投資額を調整

MACDがクロスしたタイミングでローソク足が雲をブレイクしたり、反発した場合は、大きな利益が狙える可能性が高いので投資額を増やします。

MACDのクロスやダイバージェンスでイグジットタイミングを見極める

02

MACDを使ったふたつのイグジット基準

私の利食いのポイント

基本はMACDが再度クロスしたら利食いをします。利食い後、トレンドが続く場合はエントリーサインが出やすいので再エントリーを狙います。

▼MACDを見て利食いをする

花輪さんの手法では利食いのタイミングはふたつあります。ひとつめはMACDがクロスしたときです。

買いエントリー後にデッドクロス。売りエントリー後にゴールデンクロスしたときに含み益になっていれば利食いします。

こちらもエントリーと同様にMACDの0ラインは気にせずに判断します。含み損が発生している場合は、ここで損切りせずにほかのサインが出るのを待ちます。

利食いをしたあともトレンドが続く場合は、再びMACDでエントリーサインが出るのでそのタイミングで再エントリーを行います。

ダイバージェンスで利食いをする

ふたつめの利食いタイミングはダイバージェンスが発生したときです。

ダイバージェンスとは、ローソク足とMACDの動きが逆行していることを指します。強力なトレンドが発生しているときに出やすいサインで、トレンド転換を意味するため、ここで利食いをします。

基本的に買いエントリー時は、ローソク足が上昇してMACDが下落、売りエントリー時は、ローソク足が下落してMACDが上昇する動きになるので、含み損を抱えていることはありません。

ダイバージェンスは判断が難しいですが、左ページ下図のように上昇トレンド時は3つの高値（下降トレンド時は安値）を結んでMACDと逆行していることが判断できたら利食いをします。

ダイバージェンスによるサインで利食いをしたあとは、トレンド転換してしまうので、エントリーサインが出てもエントリーは行いません。

利食いのタイミング

MACDがクロスしたら利食い

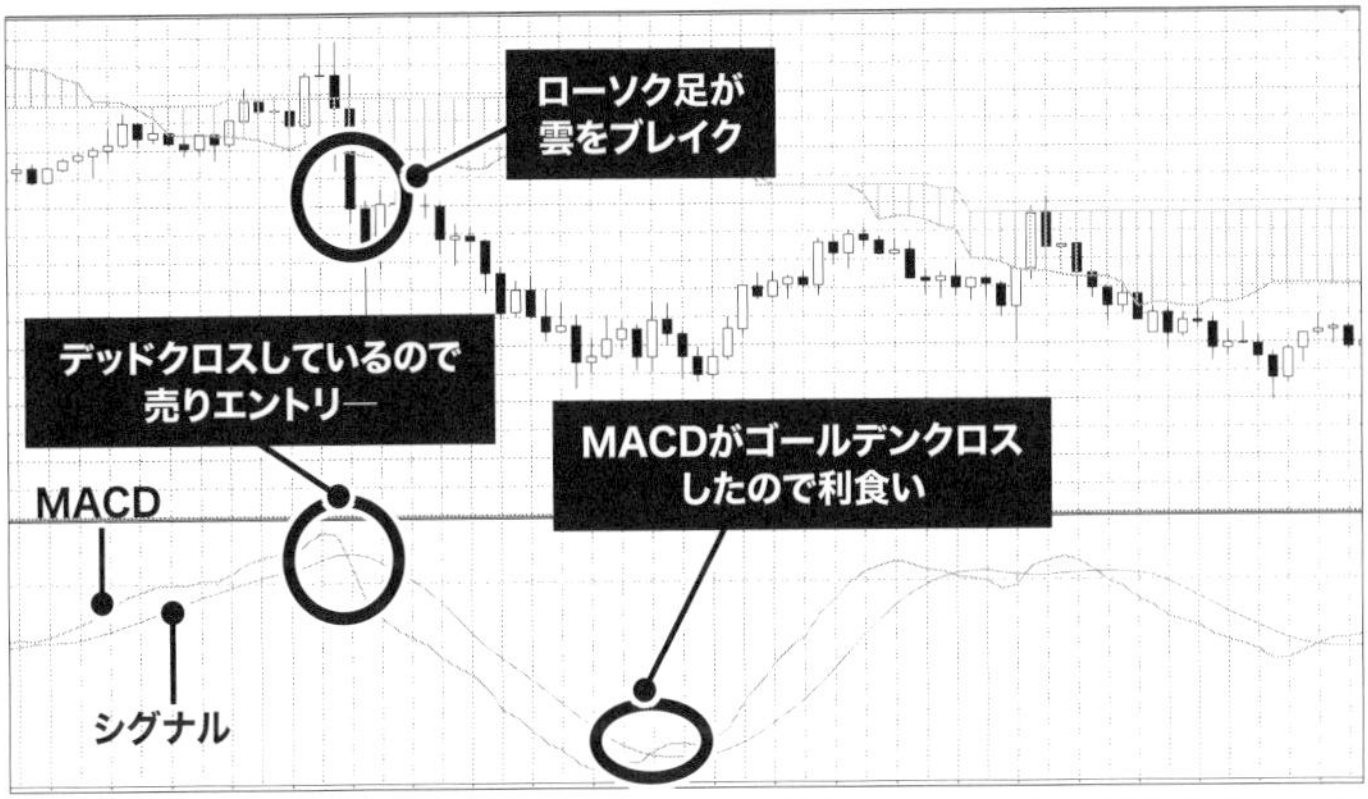

MACDがクロスしたタイミングで利食いをする。利食いもエントリーと同様にローソク足が確定したタイミングで行う。

ダイバージェンスで利食い

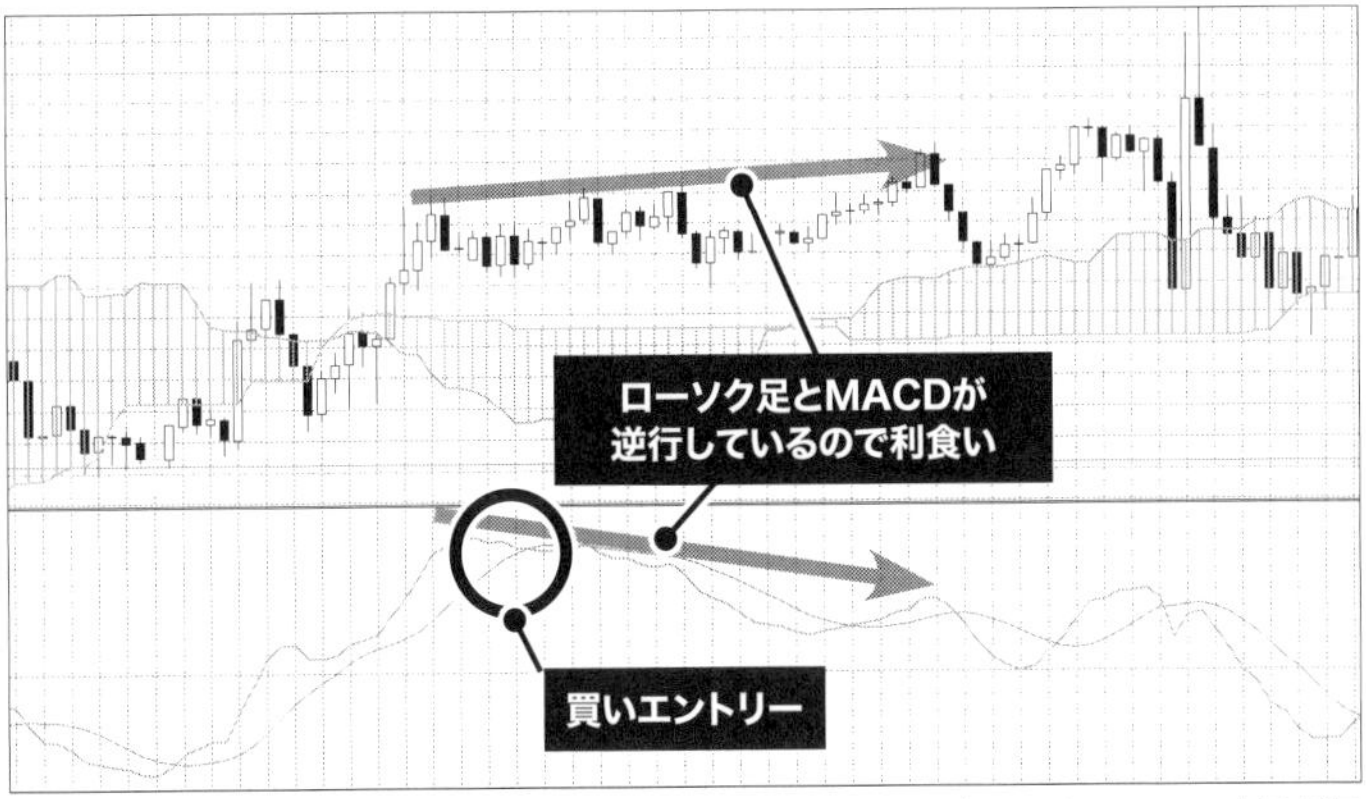

トレンドが強いと判断する条件を満たしているときは＋３σタッチか、ローソク足が反転したタイミングで利食いをする。

ローソク足が雲の中に戻ったり、高値・安値の更新でトレード失敗を判断

03

失敗判断はローソク足の動きを見る

私の損切りのポイント

エントリー後、ローソク足が雲の中に戻ったり、押し目や戻りの安値・高値がエントリー方向とは逆に更新したときは、トレードを失敗したと判断してイグジットします。

花輪拓馬さん

ローソク足が雲の中に戻ったらイグジット

花輪さんがトレードを失敗したと判断するポイントはふたつあります。

ひとつはローソク足が雲の中に戻ったときです。

ローソク足の実体がすべて雲の中に入った状態で確定したらトレード失敗と判断してイグジットします。

これは、ローソク足が雲をブレイクしたり、反発したタイミングでエントリーした直後に発生しやすい失敗です。また、あまりトレンドの勢いがない場合は、152ページで紹介した利食いサインが出る前にこちらのサインが出ます。

ローソク足が雲の中に戻ったあとは、上下どちらかのトレンドが発生しやすいので、トレンドとMACDの動きを見て、エントリーサインを待ちます。

押し目や戻りの更新でイグジット

ふたつめのトレードを失敗と判断するポイントは、トレンド中の押し目や戻りの安値・高値がエントリー方向とは逆に更新されたときです。

買いエントリーの場合は、直前の押し目の安値より上値で押し目が発生したらトレンドが転換した可能性があると判断して、イグジットします。売りエントリーの場合は直前の押し目の安値よりも下値で戻りが発生したらイグジットします（左ページ下図参照）。これはトレンド転換するか、トレンドの勢いが弱いときに発生します。この状態のときにイグジットせずにポジションを持ち続けてしまうと、含み損が膨れてしまう可能性があります。

「このサインがでたときは、雲と基準線によるトレンドがエントリー方向と同じになっていることが多いので、持ち続けたい気持ちになりますが、必ずイグジットしてください」

トレード失敗したと判断するタイミング

ローソク足が雲の中に戻ったらイグジット

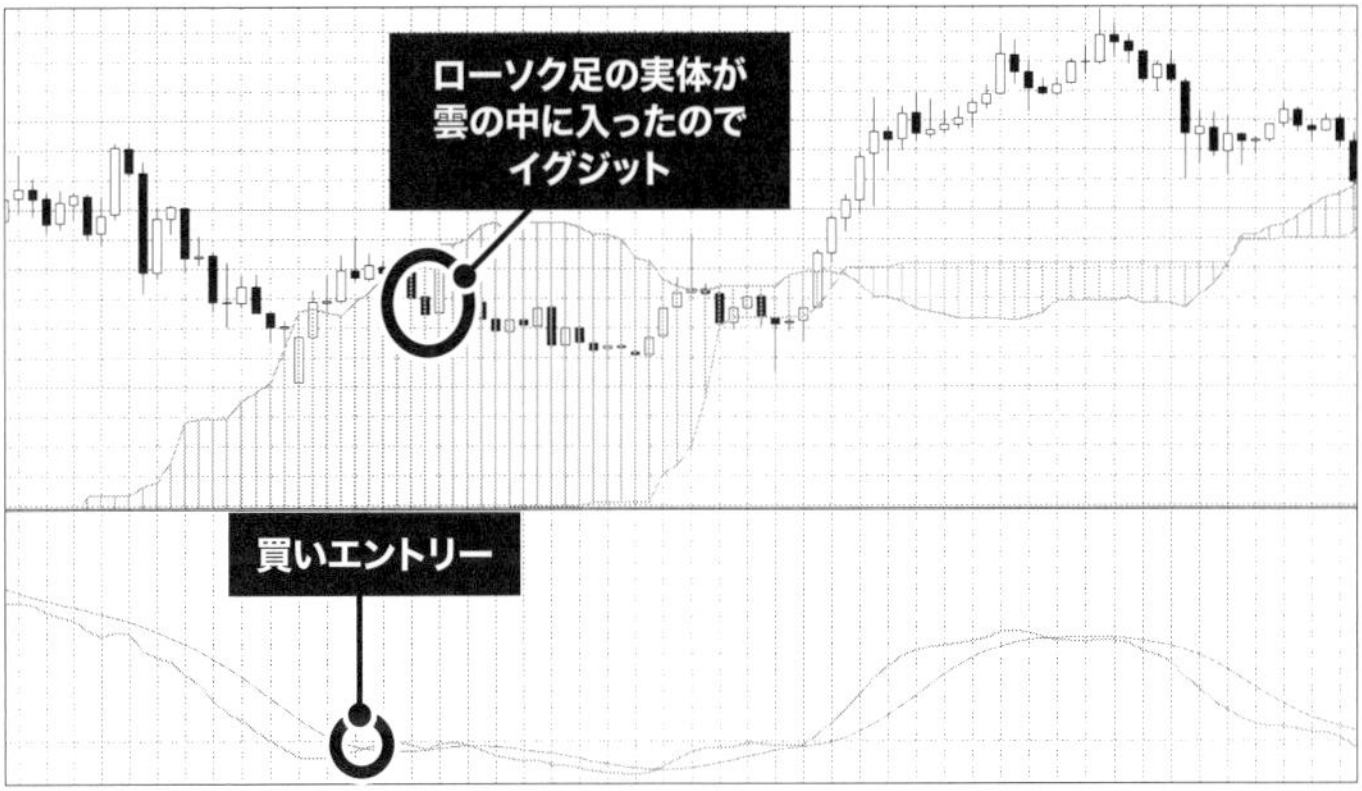
ローソク足の実体が
雲の中に入ったので
イグジット
買いエントリー

エントリー後にローソク足の実体が雲の中に入った状態で確定したらトレード失敗と判断してイグジットする。

押し目の安値よりも上値で更新したらイグジット

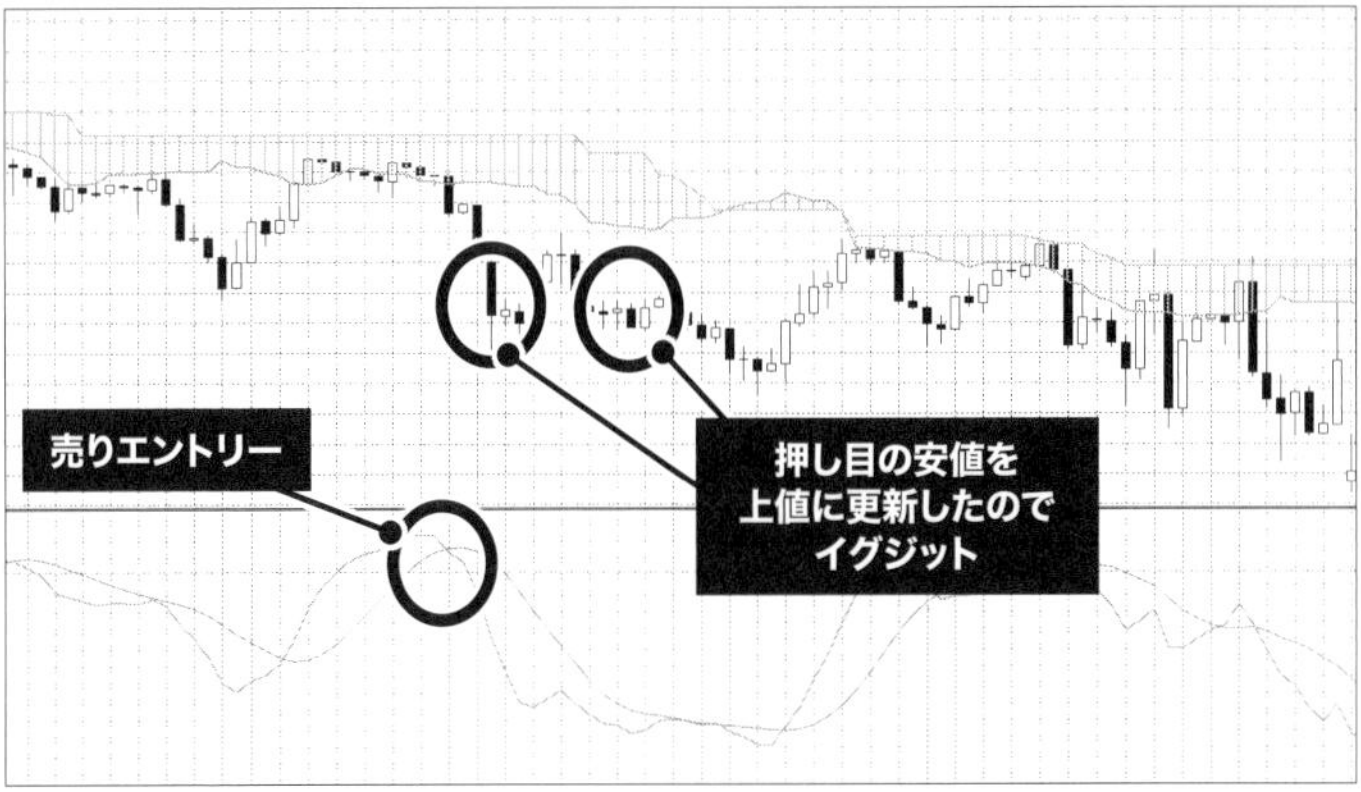
売りエントリー
押し目の安値を
上値に更新したので
イグジット

売りエントリーの場合は直前の押し目の安値より上値でに更新したらイグジット。買いエントリーの場合は戻りの高値よりも下値で更新したらイグジットする。

04 儲けるためのテクニック

テクニック1 悩んだらいったん仕切り直す

エントリー後に利食いのサインもトレード失敗のサインも出ず、ローソク足の動きが鈍く、トレンドが発生しているのかしていないのか悩むことがあります。

こういった場合はいったんイグジットして仕切り直しをします。

花輪さんの手法はトレンドに乗った順張り手法です。トレンドが発生していないときにポジションを持っていても意味がないためイグジットすることに決めているとのことです。

また、含み益も含み損も出ない状況のポジションを持っていても仕方がないという思いもあるそうです。

花輪拓馬さん

エントリー後動きがなければ仕切り直し

売りエントリーの場合

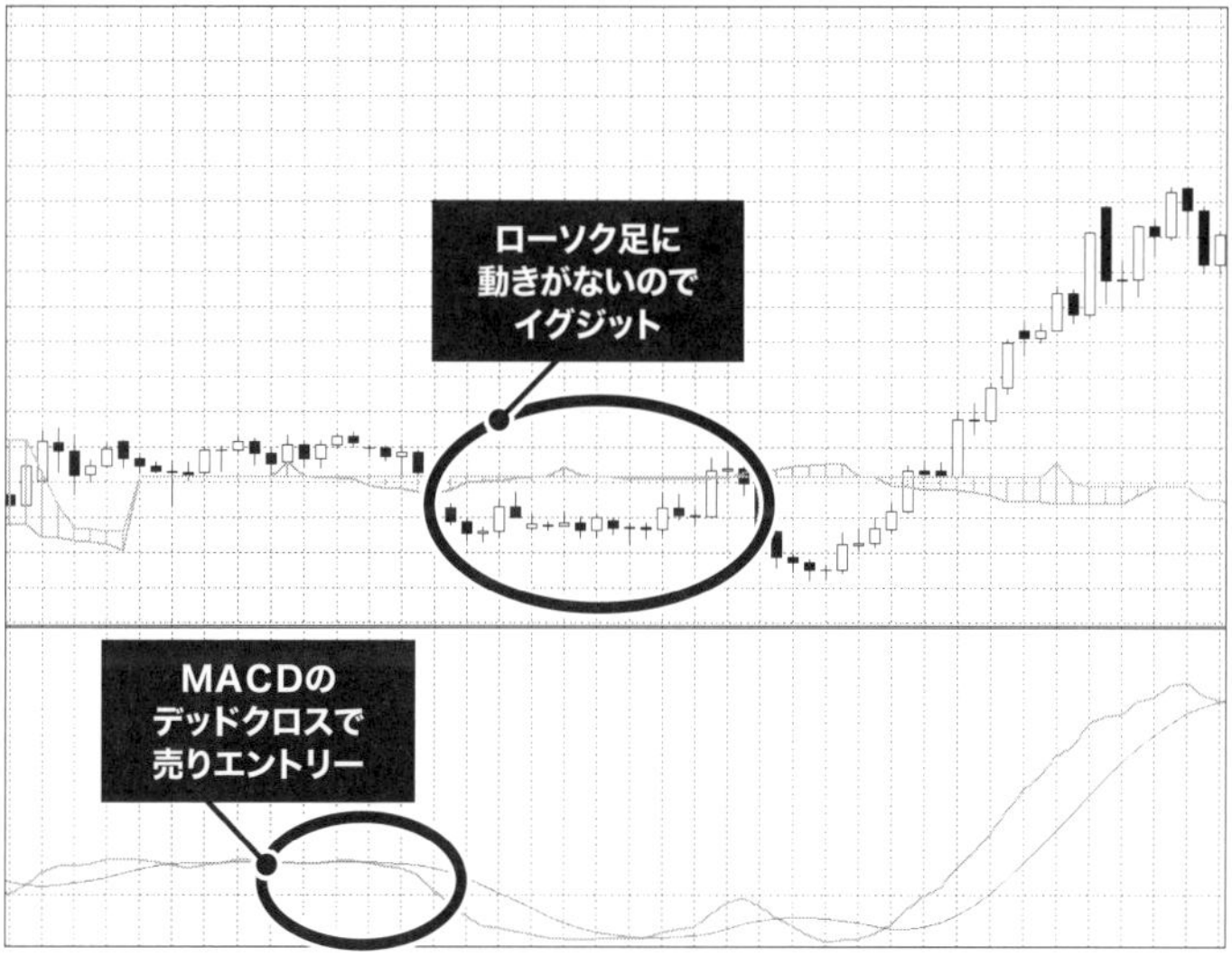
ローソク足に
動きがないので
イグジット
MACDの
デッドクロスで
売りエントリー

ローソク足の動きが
鈍ければ仕切り直し

テクニック2 MACDの重なりに注意

トレンド発生中にMACDとシグナルが重なりクロスしているかどうか悩む場合があります。特に左図のようにわずかにクロスしているように見えることもありますが、このような場合は基本的に無視します。

「左図のような状況は少し深めの押し目や戻りが発生したときに発生しやすい傾向があります。これらのクロスはダマシの場合がほとんどなので無視して構いません」

無理にルールどおりにトレードする必要はなく、左図のような場合はローソク足を一本分待ち、その後のMACDの動きを見たほうが良いといいます。

このあとに、あきらかにクロスしているとわかればそこでイグジットします。

一気にリバウンドしているような状況でない限り、ローソク足1本分のイグジットが遅れたところで成績に大きな影響は与えません。ある程度大雑把に売買を判断するのも大事だといいます。

完全にクロスしたときにイグジット

売りエントリーの場合

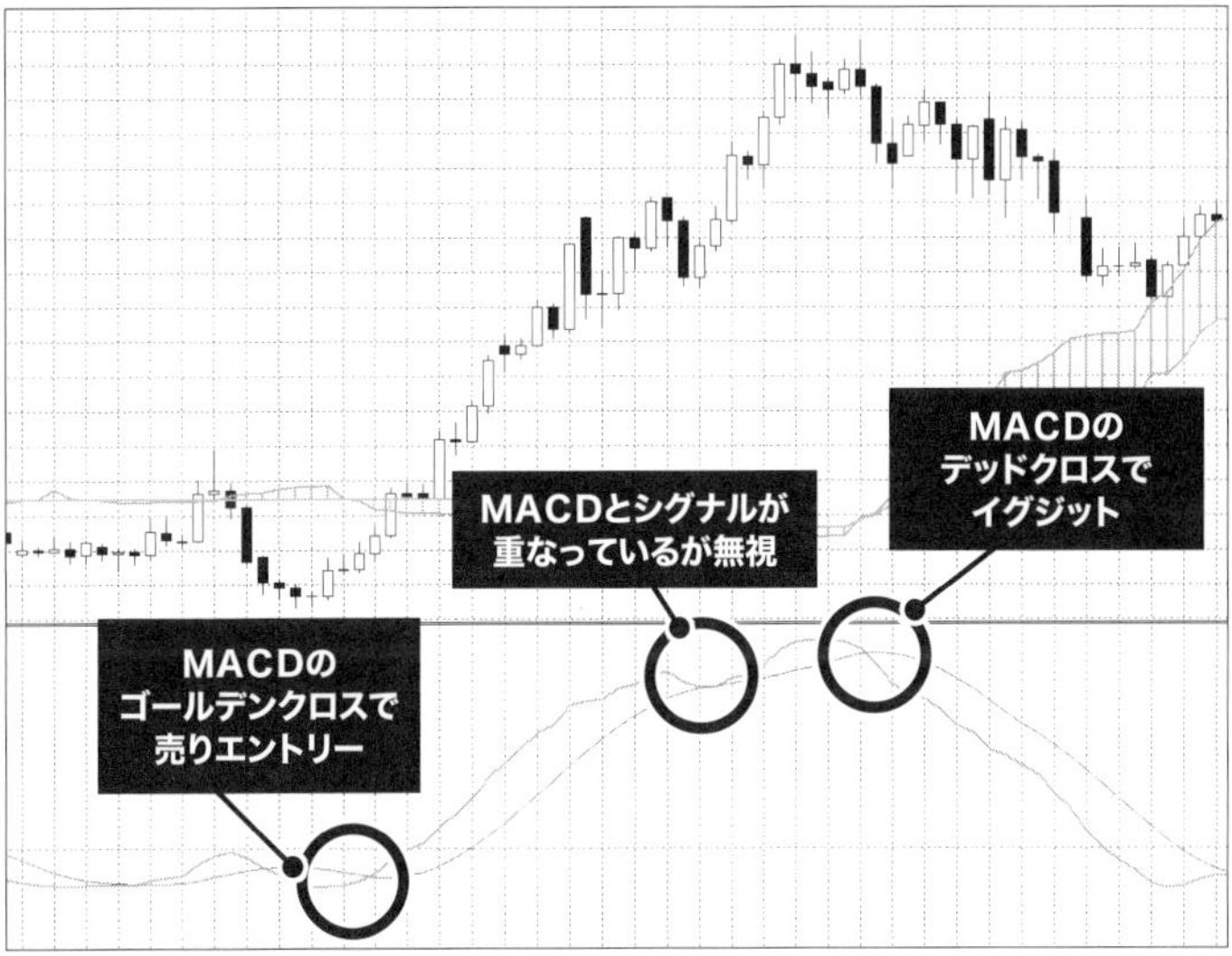
MACDの
デッドクロスで
イグジット
MACDとシグナルが
重なっているが無視
MACDの
ゴールデンクロスで
売りエントリー

MACDとシグナルの
重なりは無視してOK

テクニック3

1時間足でトレードする場合はエントリータイミングに注意

花輪さんは日足、4時間足、1時間足でトレードしますが、1時間足でトレードする場合に限り、エントリーは午前中に絞って行います。

「1時間足でトレードする場合は、ポジションを持ったまま寝てしまうのは避けたいので、起きている間にイグジットできるように午前中に絞ってエントリーをします」

日足や4時間足の場合は、保有期間が長いのでポジションを保有したまま寝ても問題はありませんが、1時間足の場合は保有期間が短いため、ポジション保有中に長時間、チャートから目を離すのは避けたいといいます。

そのため、花輪さんは午前中は1時間足を中止にエントリーを行い、午後は1時間足の様子を見つつ、日足や4時間足でエントリーサインを探すといったトレード内容になることが多いそうです。

テクニック4　慣れないうちは長期チャートでトレード

トレードに使う時間足は期間が短いほど、売買サインにダマシが発生します。そのため、初心者は長期チャートでトレードするのがオススメです。

「本当は、週足や月足のほうが確実性があるのですが、期間が長すぎてエントリーサインがなかなかでないのであまり現実的ではありません。日足ならある程度のトレード回数と利益が確保できるはずなのでオススメです」

日足に慣れたら、4時間足や1時間足でもトレードをして、ダマシの回数を実感できれば初心者から脱却できると花輪さんは言います。

また、4時間足や1時間足で安定した利益が得られるようになれば、ローソク足や一目均衡表から相場の雰囲気がわかるようになってきます。「トレンドが始まりそうだ」、「今トレードをするのは危なそうだ」というのがなんとなくわかってくれば、失敗をすることもなくなります。

テクニック5　1日にトレードする通貨ペアは2種類に抑える

花輪さんは、４種類の通貨ペアでトレードしますが、１日にエントリーする通貨ペアは２種類に抑えています。一度に４種類すべての通貨ペアでトレードするのはリスクが高いと考えているからです。花輪さんがトレードしている通貨ペアはユーロ／米ドル以外は相関性が高く、似たような動きをしがちです。

そのため、すべての通貨ペアを同じタイミングでエントリーするのは、エントリーサインがダマシだった場合を考えると危険です。

できれば、ユーロ／米ドルともうひとつの通貨ペアが安全ですが、なかなか都合よくエントリーサインが出ないため、ユーロ／米ドルでエントリーサインが出ていない場合は、３種類のうちの２通貨ペアに絞っているといいます。

花輪さんの手法を使って他の通貨ペアでトレードする場合は、トレードする通貨ペアの相関性をあらかじめ確認して通貨ペアを決めてください。

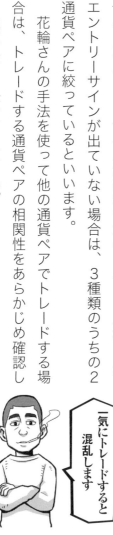

テクニック6　資金管理はしっかり行う

花輪さんは、FXで勝つためには資金管理は必須だといいます。花輪さんが会ったことのあるFXで負けている投資家のほとんどが資金管理ができていなかったそうです。

「資金管理というと難しく聞こえるかもしれませんが、自分が今どれだけ勝っているのか、負けているのかを知るだけです」

花輪さんが行っている具体的な資金管理は、1週間の損益、1か月の損益、半年間の損益、1年間の損益、総損益をエクセルなどでまとめるだけです。

この記録を付けることで、自分が今どれだけ稼げているのか、手法の調子が悪くなるタイミング、手法の調子が良くなるタイミングがわかるといいます。

手法の調子が悪くなるタイミングがわかれば、相場の動きに変化があったのかを調べたり、売買タイミングの微調整を行うなど大きな損失が出る前に対処できます。

01

加藤淳也さんの手法①「細かい波動手法」

私のエントリーのポイント

N波動を見つけ、雲での反発や雲ブレイクを狙ってエントリーします。「波動の破たん」が発生した場合は、トレンドの変化に注意します。

▼三大理論を駆使してトレードする

加藤淳也さんの投資手法は一目均衡表と時間論、波動論、値幅観測論の三大理論（18ページ参照）を使った「細かい波動手法」と「大きな波動手法」（176ページで紹介）のふたつです。
どちらの投資手法もチャートの設定は共通して以下のようになります。

・**一目均衡表**
転換線「9」
基準線「26」
先行スパンB「52」

・**ローソク足**
「日足」

使用する通貨ペアは特に決めておらず、売買サインが出ていればどんな通貨ペアでもトレードします。

波動を見つつ雲ブレイクや反発を狙う

加藤さんのトレード手法では、どのような波動で相場が動いているのかを確認します。171ページのチャートのように高値と安値を結んでN波動の形を明確にします。

エントリーのタイミングは高値を更新しながらN波動を形成しつつ雲を上に抜けたり、基準線もしくは雲で反発したタイミングで買いエントリーをします。売りエントリーは安値を更新しながらN波動を形成しつつ、雲を下に抜けたり基準線や雲で反発したタイミングです。

注意点は上昇トレンド中にN波動が高値を更新しなかった場合や下降トレンド中に安値を更新できなかった場合です。これは「波動の破たん」と呼ばれ、トレンドが変化する可能性が高い形になります。

売りサイン
ローソク足が安値を更新するN波動を形成しながら、雲を下に抜けたり、基準線もしくは雲で反発したとき

買いサイン
ローソク足が高値を更新するN波動を形成しながら、雲を上に抜けたり、基準線もしくは雲で反発したとき

エントリータイミング

買いエントリーの場合

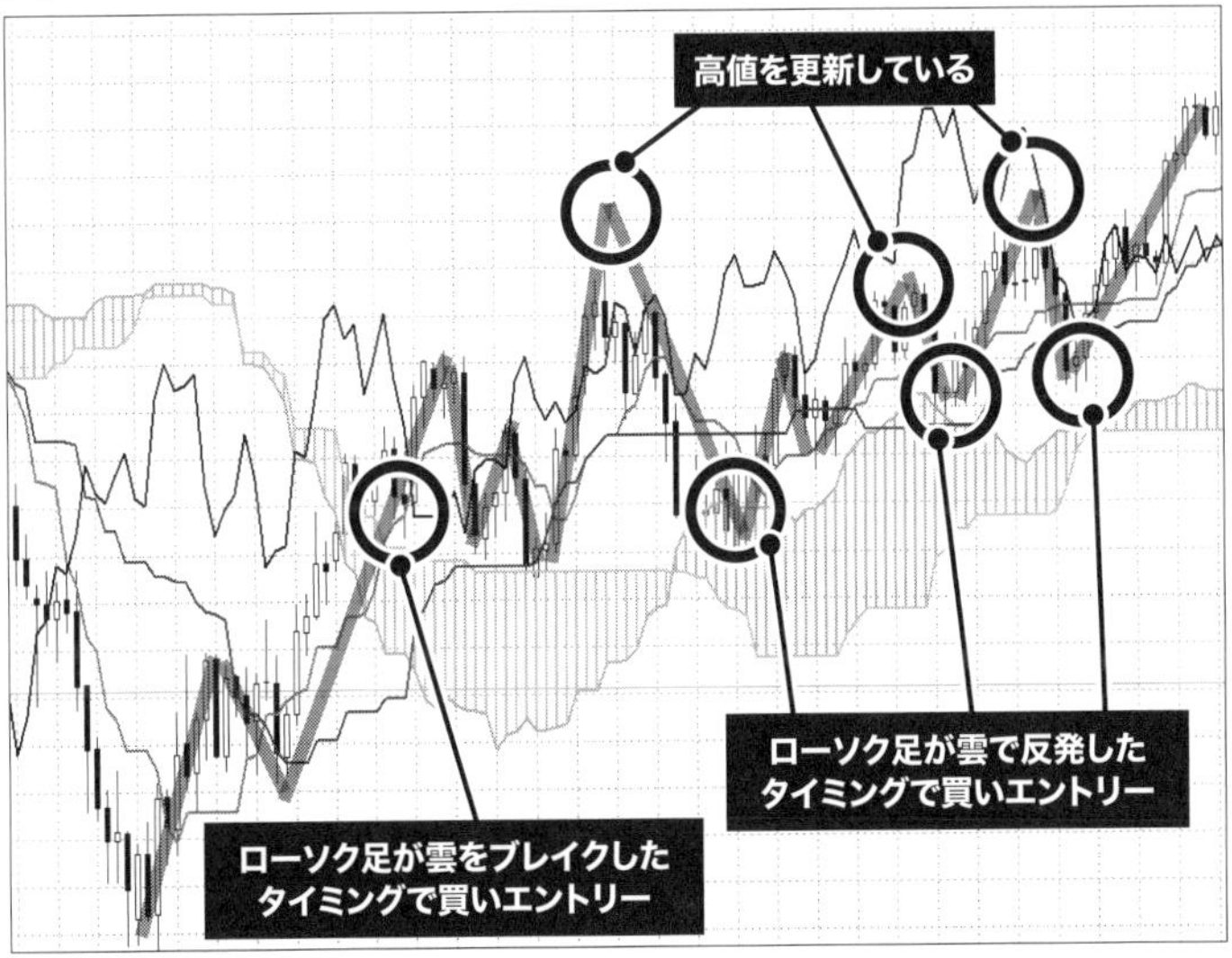
高値を更新している
ローソク足が雲で反発したタイミングで買いエントリー
ローソク足が雲をブレイクしたタイミングで買いエントリー

高値を更新できなかった場合は、トレンドが転換する可能性もあるため雲で反発してもエントリーはしない。

どんな波動で動いているのかを確認

POINT

トレンドの変化に注意

一目均衡表におけるトレンドの変化はトレンドの終わり、トレンド転換だけでなく、勢いが弱くなったり、強くなったりすることも指すので覚えておきましょう。

ふたつの理論からローソク足の動きを予測する

02

値幅観測論と時間論でイグジット

私のイグジットのポイント

基準線をブレイクしたら含み益、含み損を問わずにイグジットします。また、イグジット後すぐに基準線を再度ブレイクした場合は再エントリーをします。

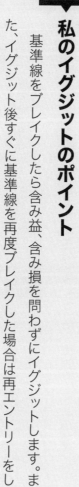

▼エントリー後にイグジットの目安を計算

エントリーしたら、値幅観測論によるイグジットタイミングを計算します。

27ページで紹介したV計算値、N計算値、R計算値、NT計算値の4つの値からイクジットのタイミングを算出し、相場の動きから、４ついずれかの値をイクジットのタイミングとします。

イクジットの判断材料として、18ページで紹介した時間論の基本数値である9、17、26を目安として利用します。トレンドが始まってからローソク足が９本後、17本後、26本後に値幅観測論による計算結果した値に近ければイクジットの準備をします。たとえば、Ｖ計算値で１００円、Ｎ計算値で１０１円、Ｒ計算値で１０２円、ＮＴ計算値で１０３円が出ていた場合、トレンドの始まりからローソク足９本分後に１００円付近までローソク足が推移していればＶ計算値によるイグジットとなります。

ただし、時間論はあくまで目安として利用し、値幅観測論による４つの数値付近まで推移したあと、ローソク足が反発し始めたら、イグジットします。

反発したらイグジット

値幅観測論によるイグジットする値までローソク足が動かず、雲か基準線付近まで戻ってしまった場合はトレード失敗と判断してイグジットします。厳密にどれくらいまで近づいたらイグジットとは決めていませんが、チャートを見て反発したと感じられる動きをしたらイグジットします。

また、トレンドが始まってからローソク足9本、17本、26本目でローソク足が反転した場合は、トレンドが変化する可能性があるため、イグジットします。

イグジットのタイミング

イグジットタイミングを計算する

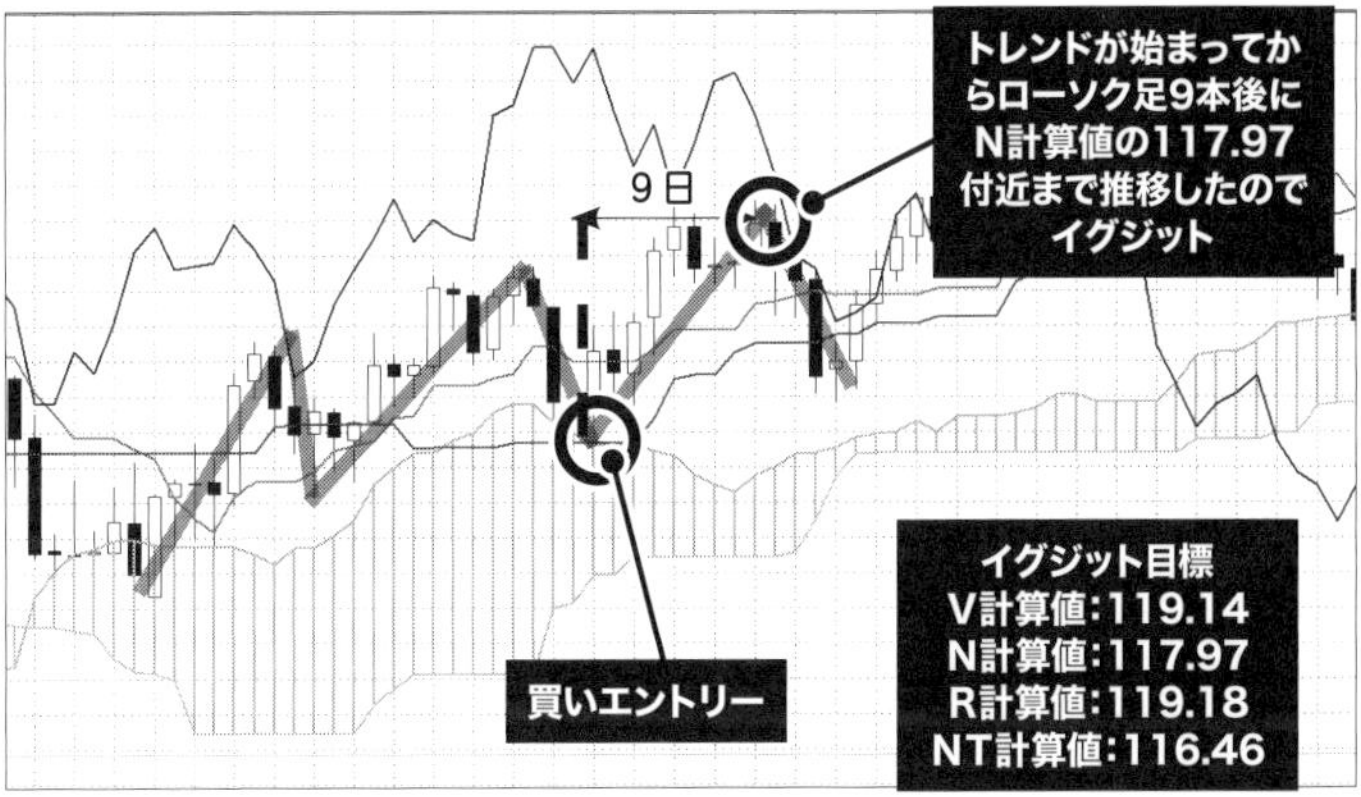

名幅観測論と時間論を組み合わせてローソク足が転換するタイミングを計り、イグジットする。

失敗トレードの判断基準

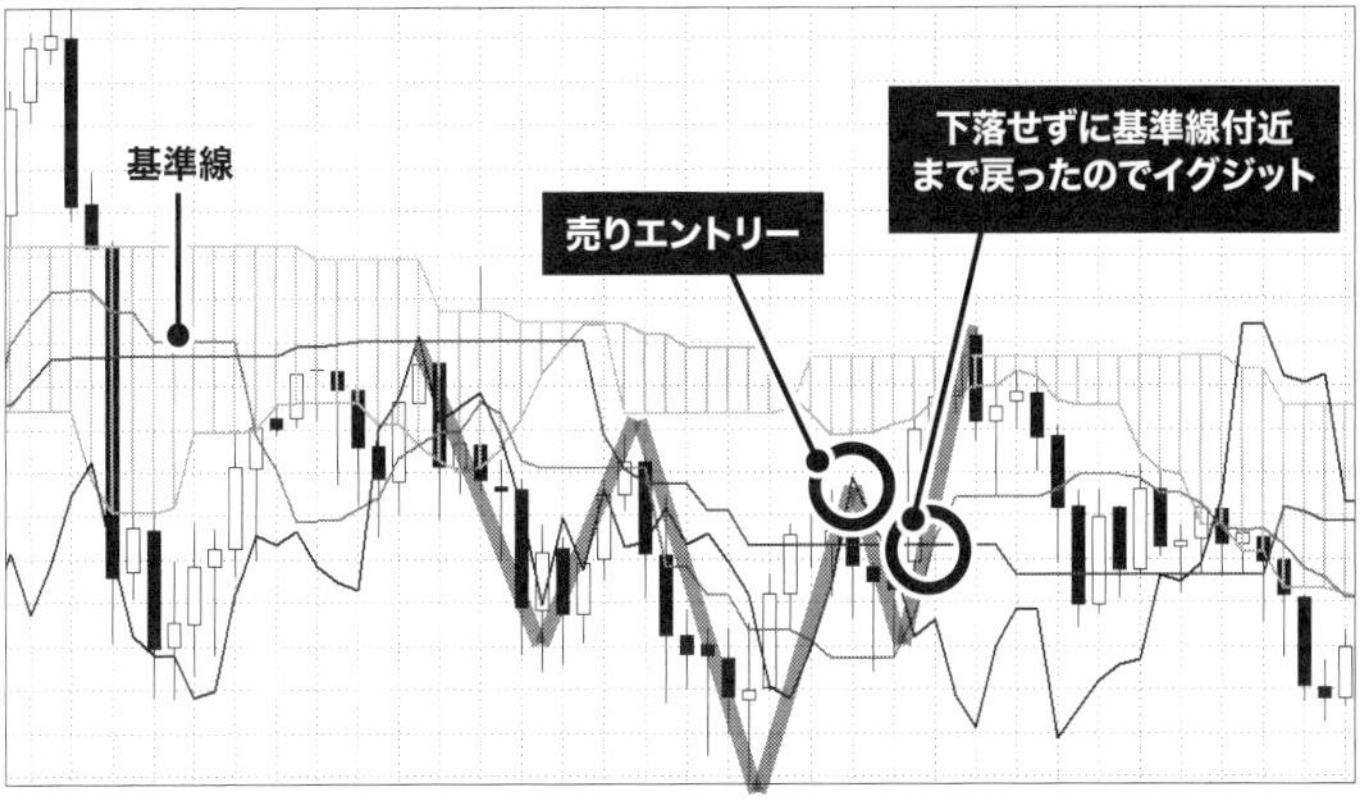

思惑が外れて、ローソク足が大きく下落せずに反発して基準線付近まで推移したので、トレード失敗と判断してイグジットする。

03

加藤淳也さんの手法②「大きな波動手法」

私のエントリーのポイント

雲のブレイクを狙ってトレードを行います。エントリーは直前までトレンドが発生している状態で雲をブレイクした場合に絞ります。

大きな波動を掴んでエントリー

169ページで波動の見方を説明しましたが、これ以外にも大きく波動をとらえる方法があります。179ページの上図のように日足チャートを長期間で見て大きなN波動を見つけます。このときのポイントは雲を突き抜けるN波動を見つけることです。

大きなN波動を見つけること自体は小さい波動と同じく高値と安値を結ぶだけなので長期間のチャートを表示すれば簡単にできるはずです。

買いエントリーは、Nを形成する安値が切りあがり、ローソク足が雲をブレイクしたタイミングで行います（179ページ上図参照）。売りエントリーの場合はNを形成する高値が切り下がり、雲を下にブレイクしたタイミングです。

エントリーは雲をブレイクした状態でローソク足が確定したら行います。

雲を突き抜けないN波動はエントリーしない

大きな波動手法では、上昇時は雲を上に突き抜け、下落時は雲を下に突き抜けながらN波動を形成している形が理想的な形です。

179ページ下図のように雲を突き抜けきれない動きの場合はエントリーしません。

下降トレンドでローソク足が雲に頭を押さえられているような形なので、売りエントリーするのに適した形に見えますが、下降トレンドの勢いが強すぎるため、リバウンドの危険性があります。

実際、左ページの下図では途中で大きくリバウンドしています。

加藤さん自身、過去に勢いが強すぎる相場でトレードをして大きな損失を出してしまった経験から、強すぎるトレンド下ではエントリーをしないルールにしています。

エントリーのタイミング

雲をブレイクしたらエントリー

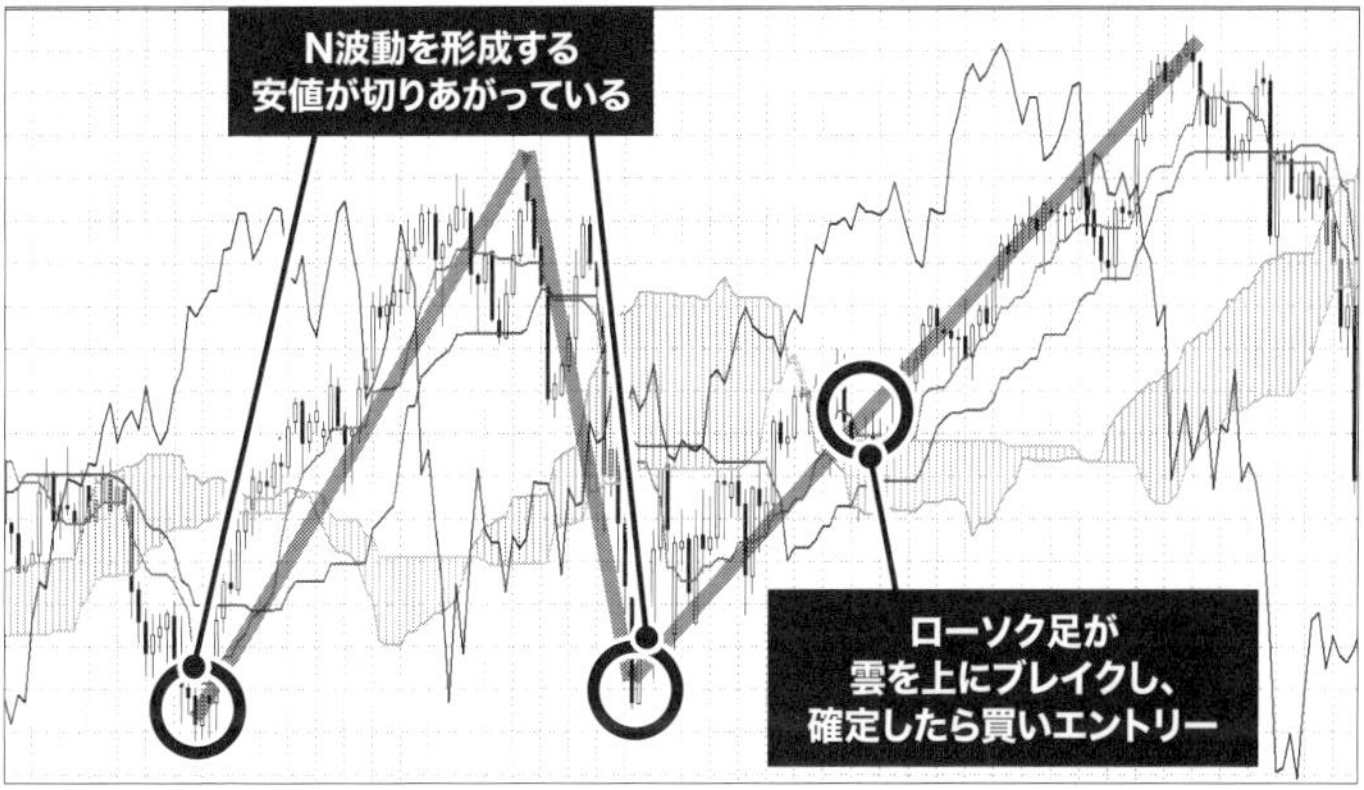
N波動を形成する
安値が切りあがっている
ローソク足が
雲を上にブレイクし、
確定したら買いエントリー

安値を切り上げながらN波動を形成しているときに、ローソク足が雲を上にブレイクしたら買いエントリーを行う。

雲をブレイクしていないときはエントリーしない

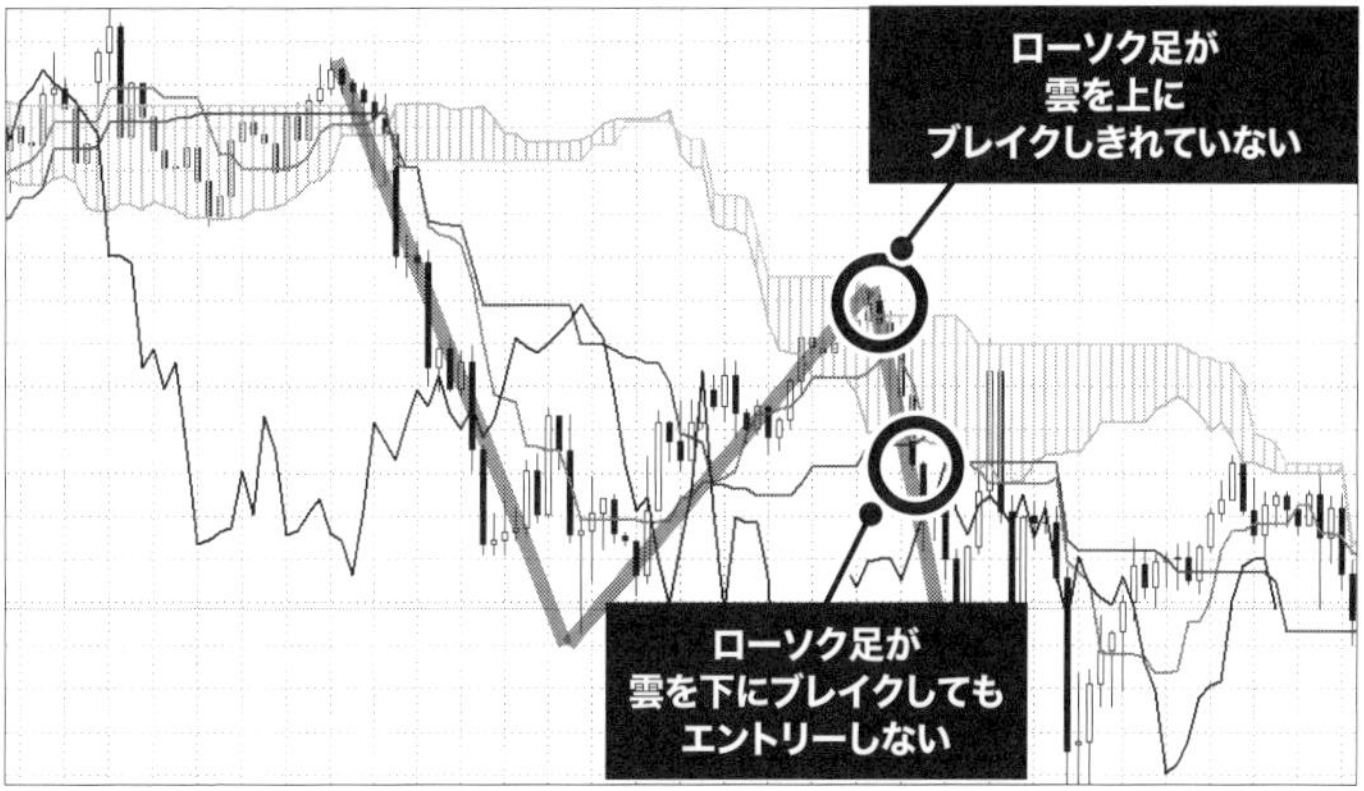
ローソク足が
雲を上に
ブレイクしきれていない
ローソク足が
雲を下にブレイクしても
エントリーしない

N波動を形成中にローソク足が雲を上にブレイクしきれていないので、強い下降トレンドと判断できる。リバウンドのリスクを考えサインが出てもエントリーしない。

ローソク足が基準線をブレイクしたらイグジット

04

基準線でイグジット判断をする

私のイグジットのポイント

値幅観測論によるイグジットに加え、基準線のブレイクや雲の中に戻ったらイグジットします。雲の中に戻った時のサインは状況によってイグジットタイミングが異なります。

▼エントリー後にイグジットの目安を計算

大きな波動手法では、３つのイグジットタイミングがあります。ひとつは小さな波動手法と同様にＶ計算値、Ｎ計算値、Ｒ計算値、ＮＴ計算値を利用したイグジッ

加藤淳也さん

ト判断です。（172ページ参照）

ふたつ目はローソク足が基準線をブレイクしたタイミングです。買いエントリーの場合はローソク足が基準線を下にブレイクしたとき、売りエントリーの場合は基準線を上にブレイクしたときがイグジットサインになります。なお、この場合はローソク足が雲をブレイクした状態で確定するまで待ちます。

3つ目のイグジットサインはローソク足が雲の中に戻ったときです。ただし、雲の中に入ったタイミングによってイグジットのタイミングが異なります。

エントリー直後に雲の中に入った場合は雲の中央付近まで推移してからイグジットします。このとき、ローソク足が確定するまで待たず、ローソク足が雲の中央付近まで推移した時点でイグジットします。

ローソク足がある程度上昇（または下落）したあとに雲の中に入った場合は、雲の中に実体が入った状態で確定したらイグジットします。

エントリー直後の場合は一時的な反発の可能性があるので確定まで待ち、上昇（下落）後に雲の中に入った場合はトレンドが変わった可能性が高いので確定前にイグジットします。

大きく値動きを掴むことが大事

大きな波動手法では、値動きを掴むことが大事です。実際、大きなＮ波動は動いている最中のチャートから探し出すことは慣れるまでは難しいです。

トレードする前に、チャートを見て、大きなＮ波動を見つけることから始めましょう。

イグジットのタイミング

基準線をブレイクしたらイグジット

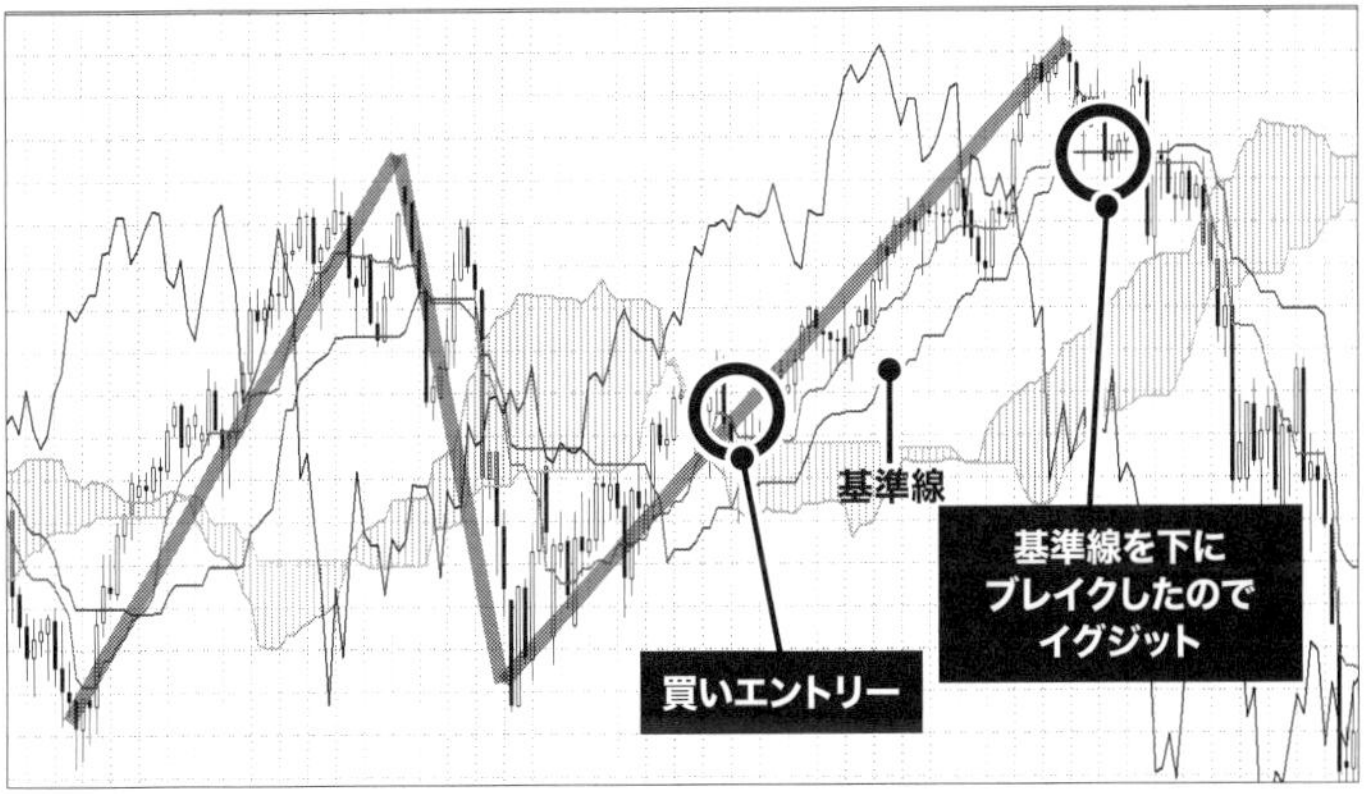
基準線
基準線を下に
ブレイクしたので
イグジット
買いエントリー

エントリー後勢いよく上昇したあとにローソク足が基準銭を下にブレイクしたのでイグジットする。

雲の中に入ったらイグジット

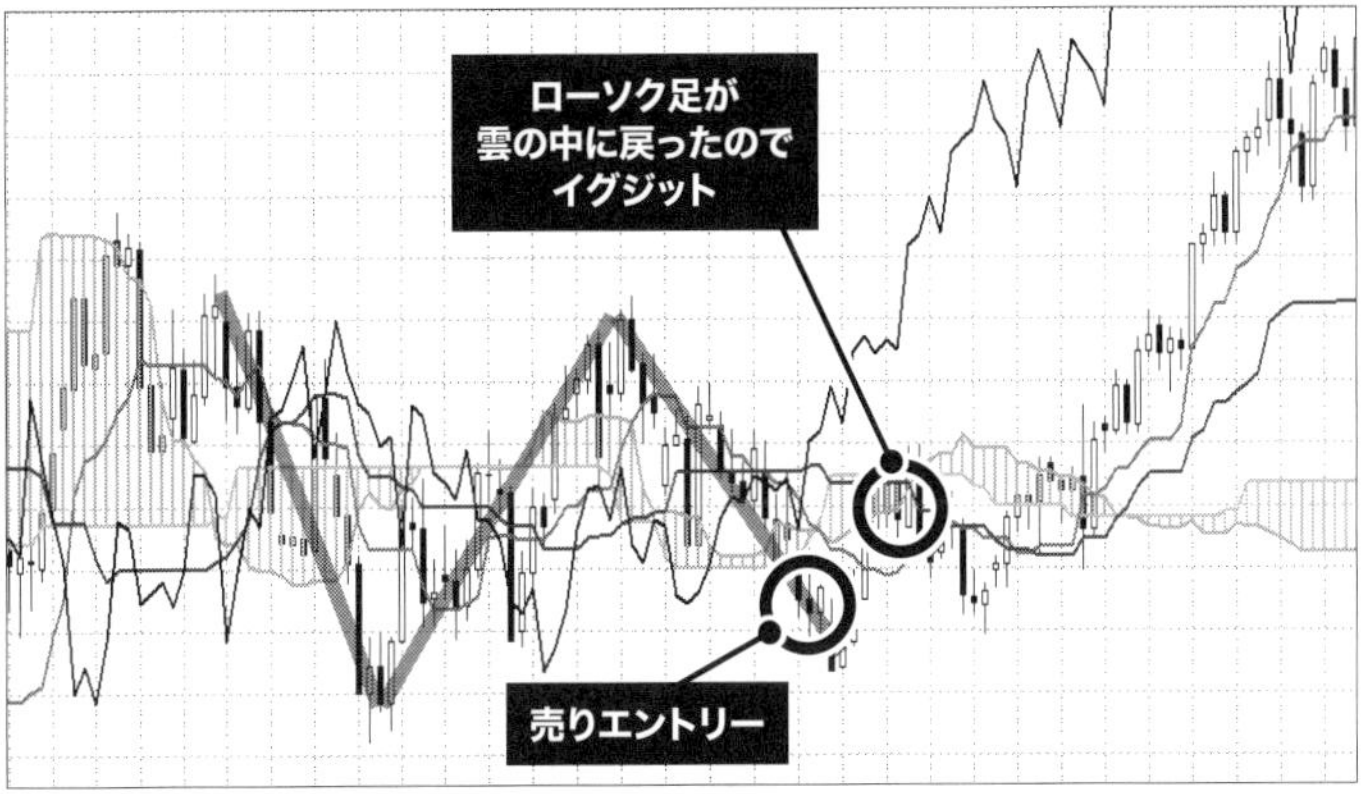
ローソク足が
雲の中に戻ったので
イグジット
売りエントリー

エントリー後、あまり下落することなくローソク足が反転し、雲の中に戻ったのでイグジットする。

05

儲けるためのテクニック

テクニック1 リスクを抑えたいときは遅行線を利用する

リスクを抑えてトレードしたい場合は遅行線をエントリーの判断の基準に加えます。具体的には、買いエントリーの場合は遅行線がローソク足の上にあることを条件に入れ、売りエントリーの場合は遅行線がローソク足の下にあることを条件に入れます。

遅行線を加えることにより、売買サインがより強固になります。ただし、エントリーチャンスは減ってしまうという欠点もあります。

加藤さん自身もトレードの調子が悪いときや値動きが激しい通貨ペアでエントリーするときなどは遅行線を売買条件に加え、リスクを抑えたトレードに切り替えています。

遅行線をエントリーサインの条件に加える

売りエントリーの場合

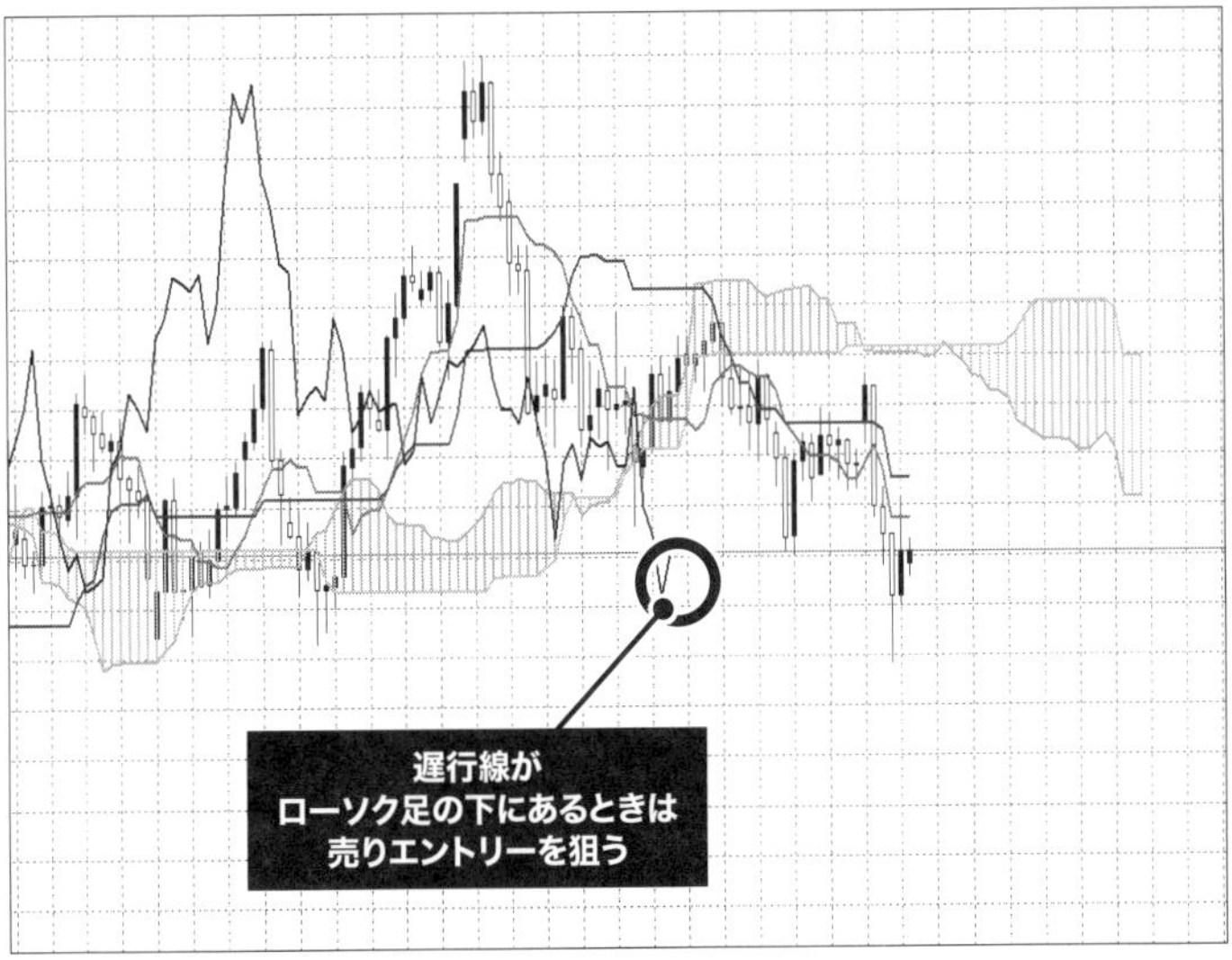
遅行線が
ローソク足の下にあるときは
売りエントリーを狙う

リスクを抑えるなら
遅行線を使おう

テクニック2 大きなN波動を探すときは厳密さは必要ない

176ページで紹介した大きな波動手法では、大きなN波動を探すことが手法のキモですが、N波動を厳密に考えすぎてしまうとなかなか見つけることができません。

たとえば、左図チャートの場合は、N波動形成の途中にある戻りは無視してN波動を形成していると考えます。いびつに見えるかもしれませんがN波動の考え方としてはこれが正しいのです。

無視するローソク足の動きの基準としては雲との位置関係を見ます。

ローソク足が雲をブレイクしない動きや、ブレイクしてもすぐに雲の中に入ってしまうような動きは無視することで大きなN波動を見つけやすくなります。

「ただし、大雑把に考えすぎて、むりやりN波動があると判断してしまうと損失を出してしまう可能性が高くなってしまいます。このさじ加減が難しいのですが、そこはトレードを繰り返して慣れていくしかありません」

加藤淳也さん

先行する雲で相場を予測

雲を見て今後の相場を予想する

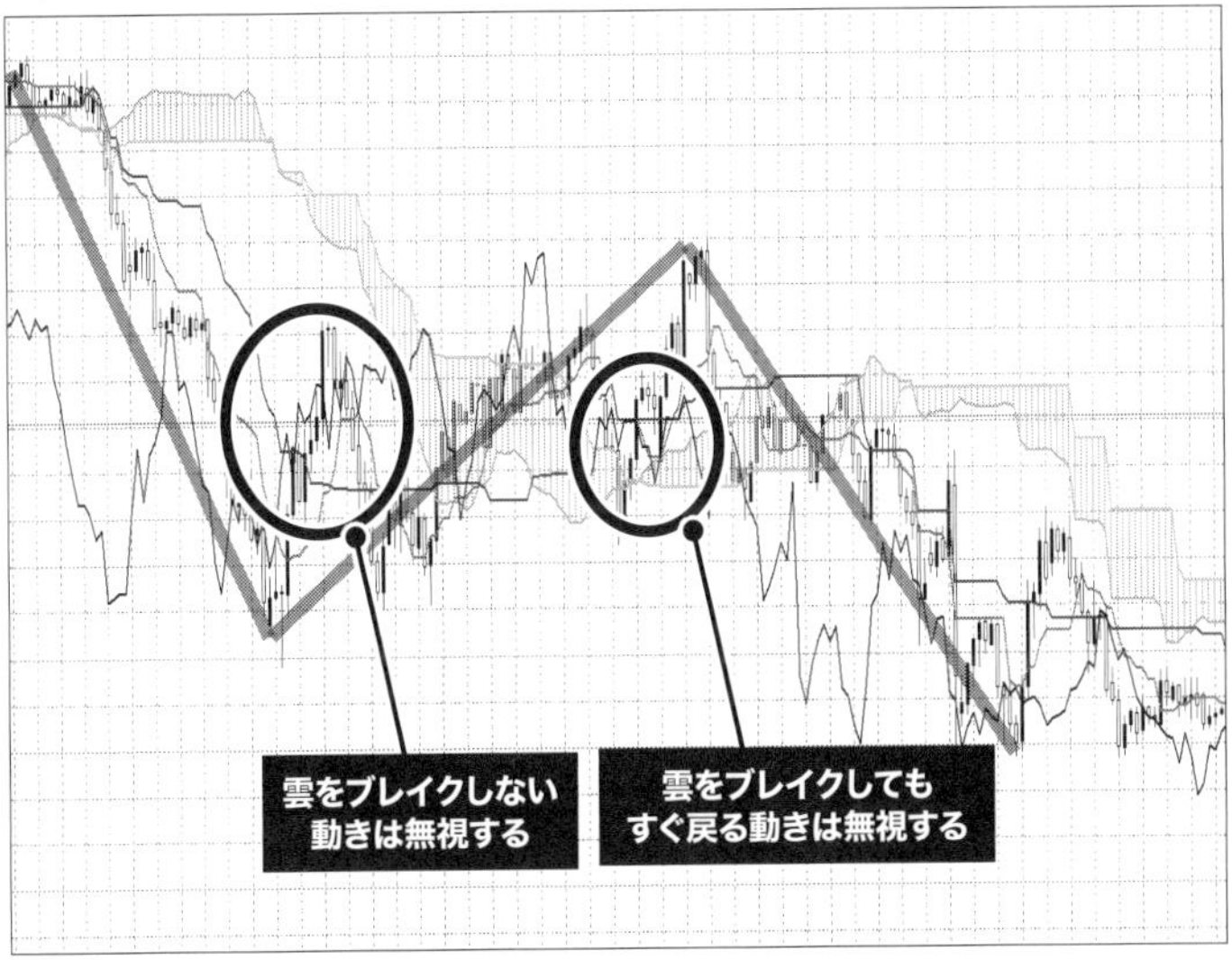
雲をブレイクしない
動きは無視する
雲をブレイクしても
すぐ戻る動きは無視する

途中の動きは無視して
N波動を考えます

テクニック3 常にチャート上に波動を書き込む

加藤さんの手法では、波動を見つけなくてはトレードできません。最初からエントリーサインを見つけることは難しいでしょう。加藤さんはチャートを見るときは常に波動のことを考えることが大事だといいます。

「最初のうちはチャート上に波動を書き込むことをオススメします。基本的に相場は上がり下がりを繰り返すのでそこを結んでいきます。慣れていけば、書き込まなくても今どんな波動になってくるかわかってくるので、そうすればトレードも楽にできるようになると思います」

また、慣れないうちはメジャーな通貨ペアに絞るのもオススメだといいます。米ドル／日本円やユーロ／日本円などのメジャーな通貨ペアは波動がわかりやすい傾向があるので、波動について理解するのに向いています。逆にマイナーな通貨ペアの場合は値動きが不規則なので、慣れないうちは波動を見つけることは難しいといいます。

テクニック4　異なる通貨ペアのポジションを持ちすぎない

加藤さんは同時に持つポジションの通貨ペアの種類は5種類までというルールを厳守しています。エントリーサインが出ていればどんな通貨ペアでもエントリーしますが、際限なくエントリーしてしまうと大量のポジションを抱え込むことになってしまいます。同じ通貨ペアであれば管理はそれほど難しくありませんが、異なる通貨ペアになると管理しきれなくなり、イグジットするタイミングをミスしてしまう可能性もあります。

それを避けるために、同時に保有する通貨ペアの種類は最大でも5種類までにしています。初心者の場合は5種類でも多いので、まずは1種類の通貨ペアでトレードしていくのが安全です。5種類というのは加藤さん自身が自分にとっての限界と判断した数なので、必ずしも5種類でなくても構いません。自分にとって限界となる数を判断してください。

テクニック5

いきなり完璧にトレードするのは難しい

一目均衡表の三大理論を使ったトレードは最初から完璧にトレードするのは難しいです。少しずつ理解を深めながらトレードしていく必要があります。

「まずは、波動論について理解し、次に値幅観測論、時間論と進めていきましょう」

波動論については176ページで解説した方法で理解を深め、値幅観測論については過去チャートを使って計算して理論どおりにローソク足が動いているかを確認していきましょう。時間論も値幅観測論と同様に過去チャートのローソク足の動きを見て確認していきます。

三大理論についてある程度理解ができたら100通貨〜1000通貨の少額でトレードし、うまく利益が得られるようになったら投資資金を増やしていきます。

また、トレードごとに結果を記録して、トレード内容についての反省点があればノートなどに書き込んで忘れないようにしましょう。

テクニック6　1年に1度利益の一部を貯蓄する

加藤さんは1年に1度利益の一部を貯蓄しています。ＦＸで得た利益をすべて投資資金として運用する投資家も多いですが、利益の一部は貯蓄に回した方が安全だといいます。

「資金効率で考えるとすべて投資資金にしたほうがいいですが、手法が相場に通用しなくなった場合、利益のすべてを失ってしまう可能性があります。万が一のことを考えると、ある程度は貯蓄に回したほうが安全です」

ただし、投資資金が少ないうちは利益の一部を貯蓄してしまうと資金効率が悪くなりすぎてしまうので、貯蓄について考えるのは投資資金が１００万円を超えてからでよいでしょう。

加藤さんの場合は毎年1月の第1週の日曜日に1年間の利益のうち4分の1を貯蓄しています。

貯蓄の割合は必ず４分の１にする必要はありませんが、最低限６分の１程度は貯蓄したほうがいいでしょう。

01

三輪圭史さんの手法①「雲抜け手法」

私のエントリーのポイント

基準線を使い、押し目や戻りを狙います。基準線と雲によるトレンドに対して順張りでエントリーします。

▼一目均衡表とATRを使ったトレード

三輪圭史さんの投資手法はATRと一目均衡表の雲と基準線、転換線を使った「雲抜け手法」と「好転・逆転手法」です。

三輪圭史さん

どちらの投資手法もテクニカル指標の設定は共通して次のようになります。

・一目均衡表

転換線「9」

基準線「26」

先行スパンB「52」

・ATR

参照期間「14」

・ローソク足

「1時間足」

通貨ペアは特に決めておらず、いろいろなチャートを見て、トレードしやすい形を探してトレードを行います。

▼ローソク足が雲を抜けたらエントリー

雲抜け手法では、ローソク足の実体が完全に雲を抜けた状態で確定したタイミングで順張りでエントリーします。雲をブレイクしたタイミングだけでなく、雲の中で反発したことによって雲を抜けたタイミングや、雲の中を推移していたローソク足が雲を抜けたタイミングでもエントリーします。そのため、ローソク足が雲の中を推移しているチャートを見つけることが重要です。

また、雲が薄い場合はローソク足が雲を抜けてもエントリーしないこともあります。特に先行スパンＡと先行スパンＢの値がほぼ同値で雲が見えないような場合はエントリーサインが出てもエントリーしません。具体的な雲の厚さの基準は設けていませんが、基準線や転換線に傾きがない状態のときはエントリーしません。

売りサイン ローソク足の実体が完全に雲を下に抜けたタイミング

買いサイン ローソク足の実体が完全に雲を上に抜けたタイミング

エントリータイミング

売りエントリーの場合

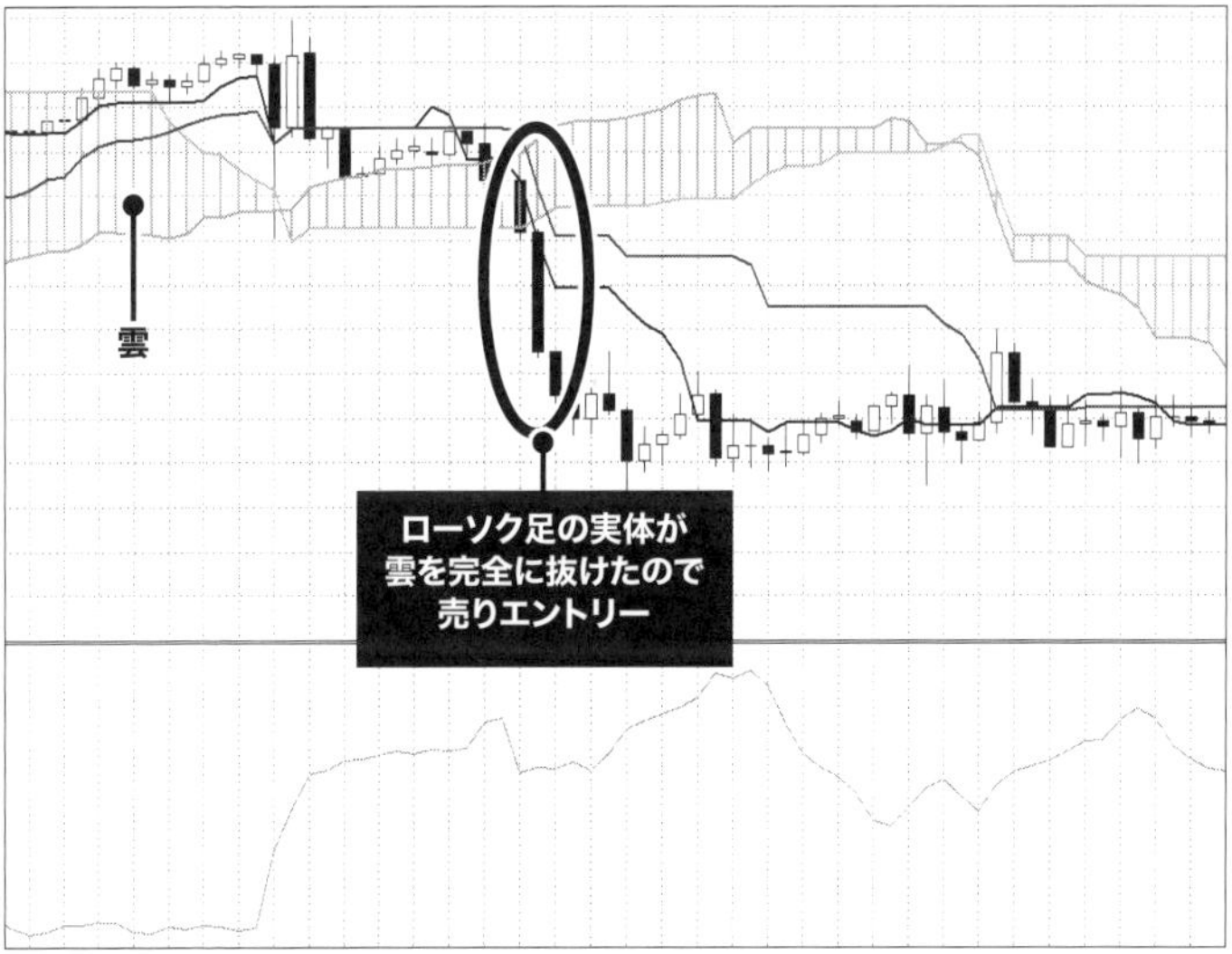
雲
ローソク足の実体が雲を完全に抜けたので売りエントリー

ローソク足の実体が雲を抜けた状態で確定したらエントリー。

実体がすべて雲から抜けていることが重要

POINT

基準線や転換線の傾きに注目

雲が薄い状態で、基準線や転換線の傾きがないときはローソク足が雲を抜けてもトレンドが発生していない可能性が高いのでエントリーしません。

エントリー時のＡＴＲから倍になったらイグジット

02

ＡＴＲの値でイグジットのタイミングを計る

私のイグジットのポイント

エントリー時のＡＴＲの値の倍の含み益や含み損が出たらイグジットします。エントリー時にイグジットする値は決まっているので、指値注文を利用すると効率よくトレードできます。

ATRの倍の値がイグジットの基準

利食いのタイミングはATRで判断します。

ATRは、参照期間内のローソク足一本分の間で動く値幅の平均値を示したものです。たとえば、米ドル／円保年デ値が0・5の場合は0・5円動くという意味になります。

三輪さんはこのATRの特徴を活かし、利食いはエントリー時のATRの2倍の含み益が出た時点で行います。

たとえば、エントリー時のATRの値が0・5だった場合は、1円分（100pips）の含み益になった時点で利食いを行います。

損切りも同様でエントリー時のATRの倍の含み損が出たら行います。

エントリーとは異なり、ローソク足が確定する前に利食いや損切りをするので、指値注文や逆指値注文を活用します。

「利食いや損切りの値はエントリー時点で決まっているので、指値でイグジットの注文を入れておけばチャートを見る必要もありません。いつイグジットするかとチャートを見ている時間をそのまま、別のエントリーサインを探す時間に使えるので効率的です」

イグジットは機械的に行う

利食いや損切りをするときのポイントは機械的に行うことです。まだエントリー方向に動いているからといって利食いを遅らせたり、反発しそうだからといって損切りを遅らせるとそのときはうまくトレードできても、年間を通しての利益が減ってしまう可能性が高いです。

これは三輪さん自身の実体験ですが、機械的に利食いや損切りができなかった年は成績が大きく下がりました。利食いや損切りを機械的に行うことを意識してトレードしましょう。

イグジットのタイミング

ATRの値の倍の含み益になったら利食い

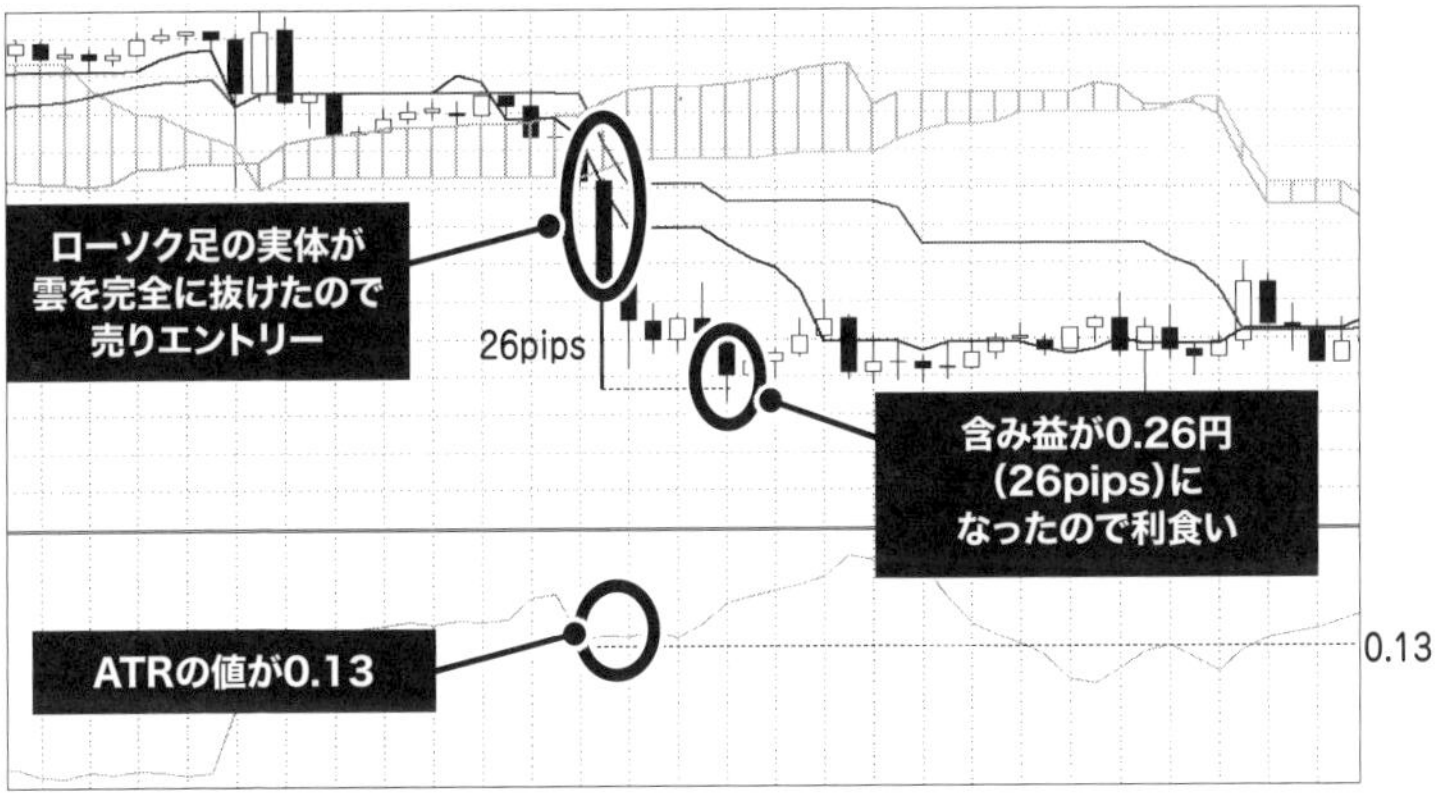
ローソク足の実体が
雲を完全に抜けたので
売りエントリー
26pips
含み益が0.26円
(26pips)に
なったので利食い
ATRの値が0.13
0.13

エントリー時点のATRの数値の倍の含み益になったら利食いを行う。

ATRの値の2倍の含み損になったら損切り

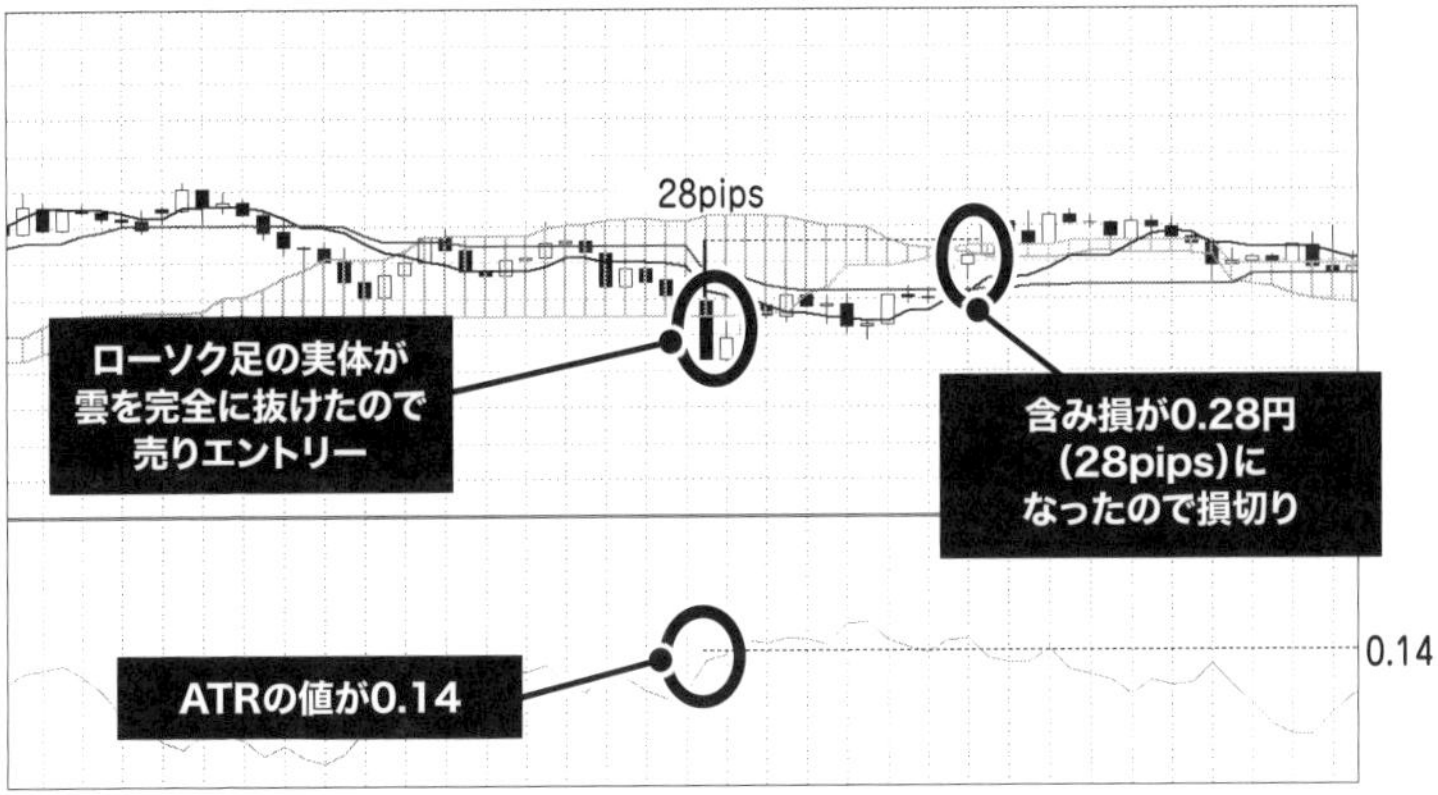
28pips
ローソク足の実体が
雲を完全に抜けたので
売りエントリー
含み損が0.28円
(28pips)に
なったので損切り
ATRの値が0.14
0.14

エントリー時点のATRの数値の倍の含み損になったら損切りを行う。

03

三輪圭史さんの手法②「好転・逆転手法」

私のエントリーのポイント

トレンドに合わせて、転換線と基準線がクロスしたタイミングでエントリーします。リスクを抑えてトレードしたい場合は三役好転・三役逆転を組み込んでエントリーします。

三輪圭史さん

転換線と基準線がクロスしたらエントリー

もうひとつの手法である好転・逆転手法ではトレード前にトレンドを確認します。トレンドの確認方法は雲と基準線、転換線がすべてローソク足の上にあれば下降トレンド、下にあれば上昇トレンドになります。

上昇トレンド中に転換線が基準線を上抜いたら（好転）買いサイン。下降トレンド中に転換線が基準線を下抜いたら（逆転）売りサインです。

基本的に転換線と基準線がクロスした状態でローソク足が確定したらエントリーします。

三役好転や三役逆転で信頼性を高める

転換線・基準線のクロスやローソク足が雲の上や下にある状況は一目均衡表においてそれぞれ「好転」「逆転」と呼ばれていますが、さらにもうひとつ「好転」「逆転」と呼ばれる状況があります。それは遅行線が26本前のローソク足の上か下にある状況です。上にあれば好転、下にあれば逆転になります。

この3つの好転や逆転が同時に発生した状況を三役好転・三役逆転（18ページ参照）と呼び非常に強力な売買サインとされています。

リスクを抑えて、トレードをしたいのであれば、三役好転や三役逆転のタイミングでエントリーを行うのも有効です。

ただし、リスクが抑えられる分、エントリーサインの頻度は落ちてしまう点は覚えておきましょう。

三輪さんも通常時は遅行線を加えずにトレードしていますが、成績が良くないときなどは三役好転・三役逆転に絞ってトレードをしています。

「常に三役好転や三役逆転を狙うのは難しいので、どうしても投資資金を減らしたくないときなどに絞って使いましょう」

三輪圭史さん

好転・逆転手法

エントリーのタイミング

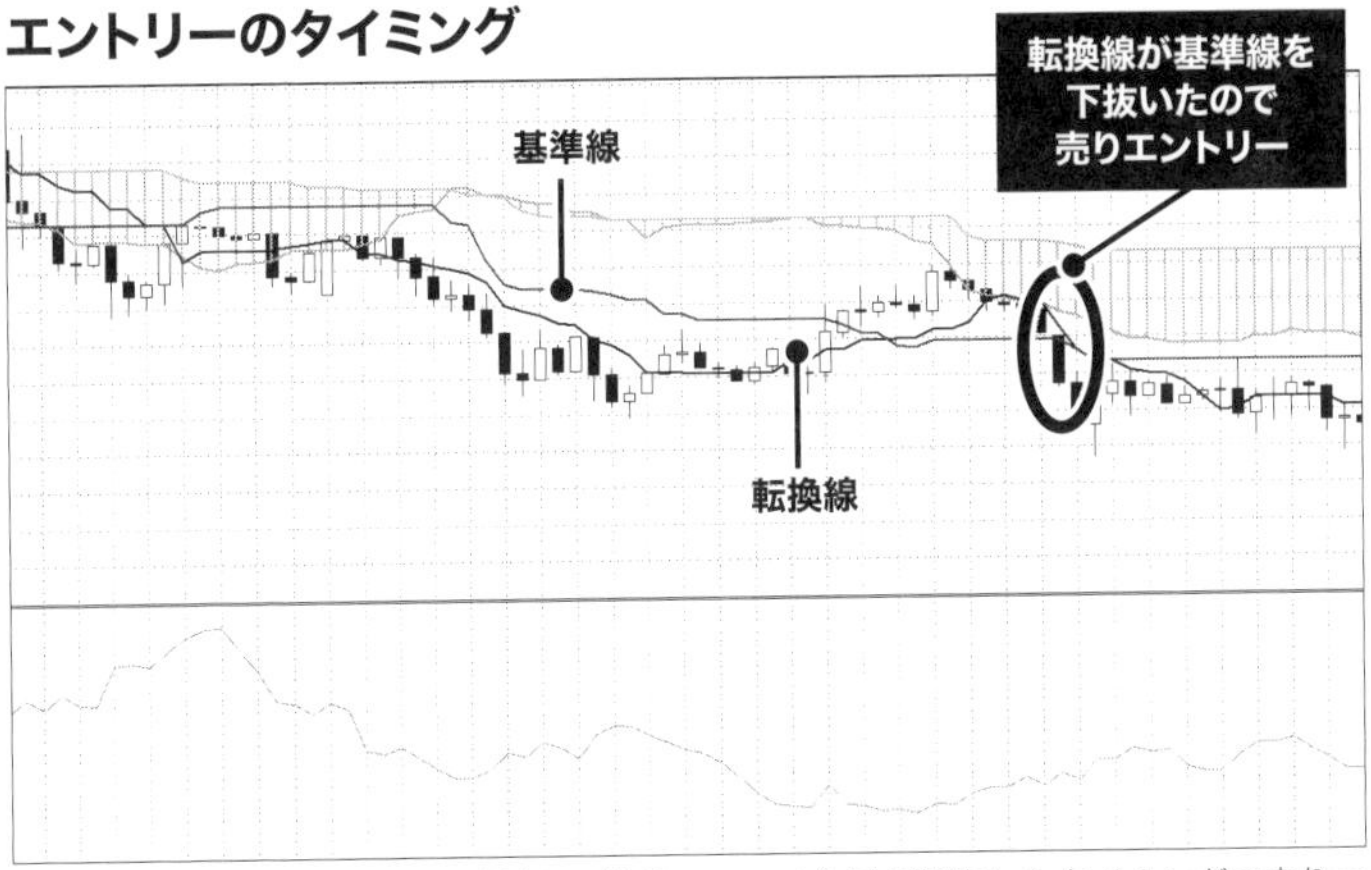
転換線が基準線を
下抜いたので
売りエントリー
基準線
転換線

下降トレンド中に転換線が基準線を下抜け、ローソク足が確定したタイミングで売りエントリーをする。

三役逆転で売りエントリー

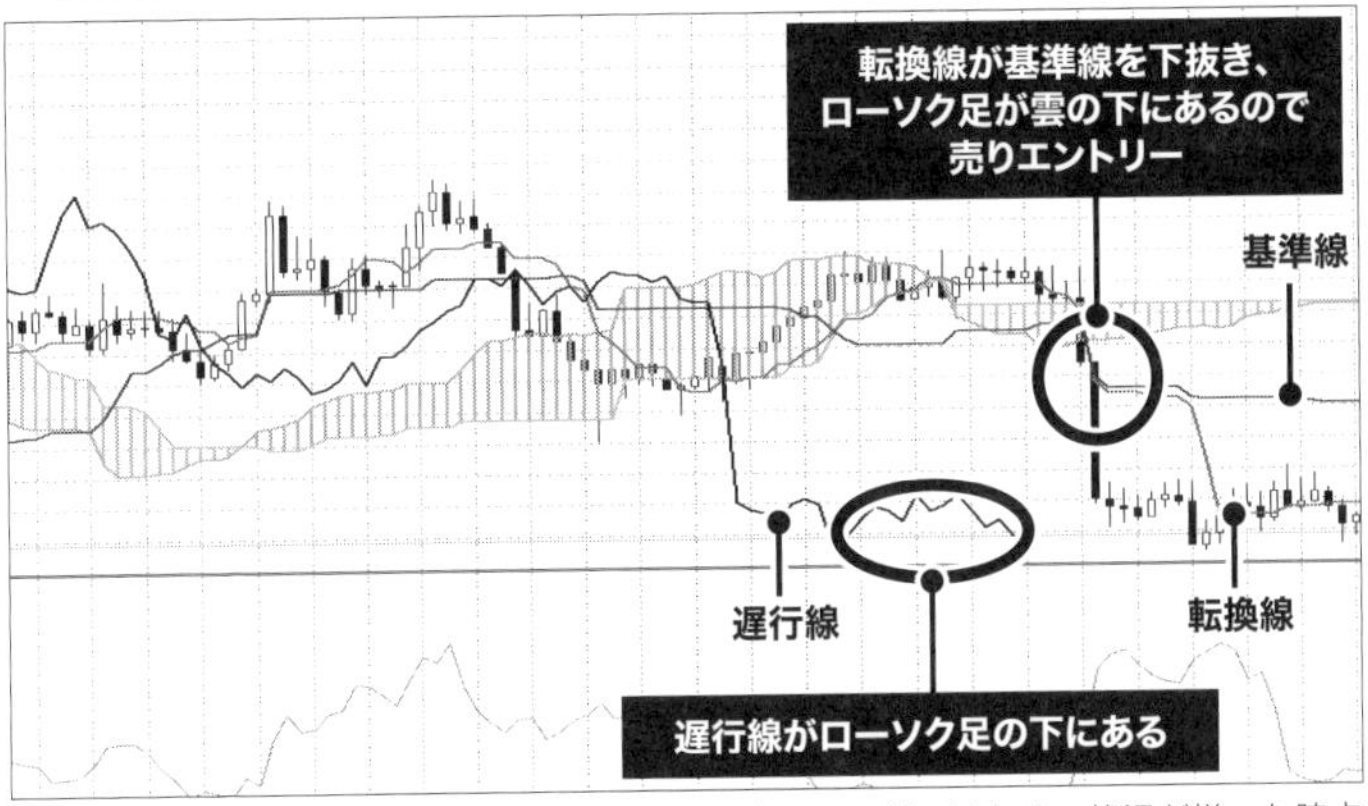
転換線が基準線を下抜き、
ローソク足が雲の下にあるので
売りエントリー
基準線
遅行線
転換線
遅行線がローソク足の下にある

三役好転・三役逆転を狙う場合は、クロスしたタイミングではなく、状況が揃った時点でエントリーするのがポイント。

イグジットも転換線と基準線のクロスで判断

04

転換線と基準線がクロスしたらイグジット

私のイグジットのポイント

ＡＴＲを利用したイグジットのほかに、転換線と基準線のクロスを利用したイグジットを行います。また、相場が急変している場合はローソク足の確定前にイグジットします。

三輪圭史さん

イグジットはふたつある

「好転・逆転手法」のイグジットのタイミングはふたつあります。

ひとつは雲抜け手法と同様にＡＴＲを参考にしたものです。１９６ページで紹介したようにエントリー時のＡＴＲの倍の値で利食い・損切りをします。

もうひとつのイグジットのタイミングはエントリーと同様に転換線・基準線がクロスしたタイミングです。

買いエントリーの場合は転換線が基準線を下抜けたタイミング。売りエントリーの場合は転換線が基準線を上抜けたタイミングで行います。

エントリー時とは異なり、雲と基準線によるトレンド判断は気にせずイグジットします。

また、ローソク足が確定したタイミングでイグジットするのが基本ですが、相場が急変している場合は確定前にイグジットします。特に雇用統計発表や要人発言などによって相場の動きが変わりやすいときは早めのイグジットを心がけます。

▼コツコツと利益を積み重ねることが重要

三輪さんのトレード手法ではATRで利食いまでの値は決まっているので、強力なトレンドが発生していても1トレードで大きな利益を狙うことはありません。一度に大きな利益を狙うのではなく、コツコツと利益を積み重ねることが大事だと三輪さんはいいます。

「リスクとリターンはイコールで結ばれているので、一気に大きな利益を狙うということはそれだけ大きな損失を出してしまう可能性があるということになります。それはとても危険だと私は思います。一気に稼ぐよりもリスクを抑えてコツコツと堅実に利益を重ねていく方が長い目で見たときに大きな資産になるはずです」

好転・逆転手法のイグジット

転換線と基準線がクロスしたらイグジット

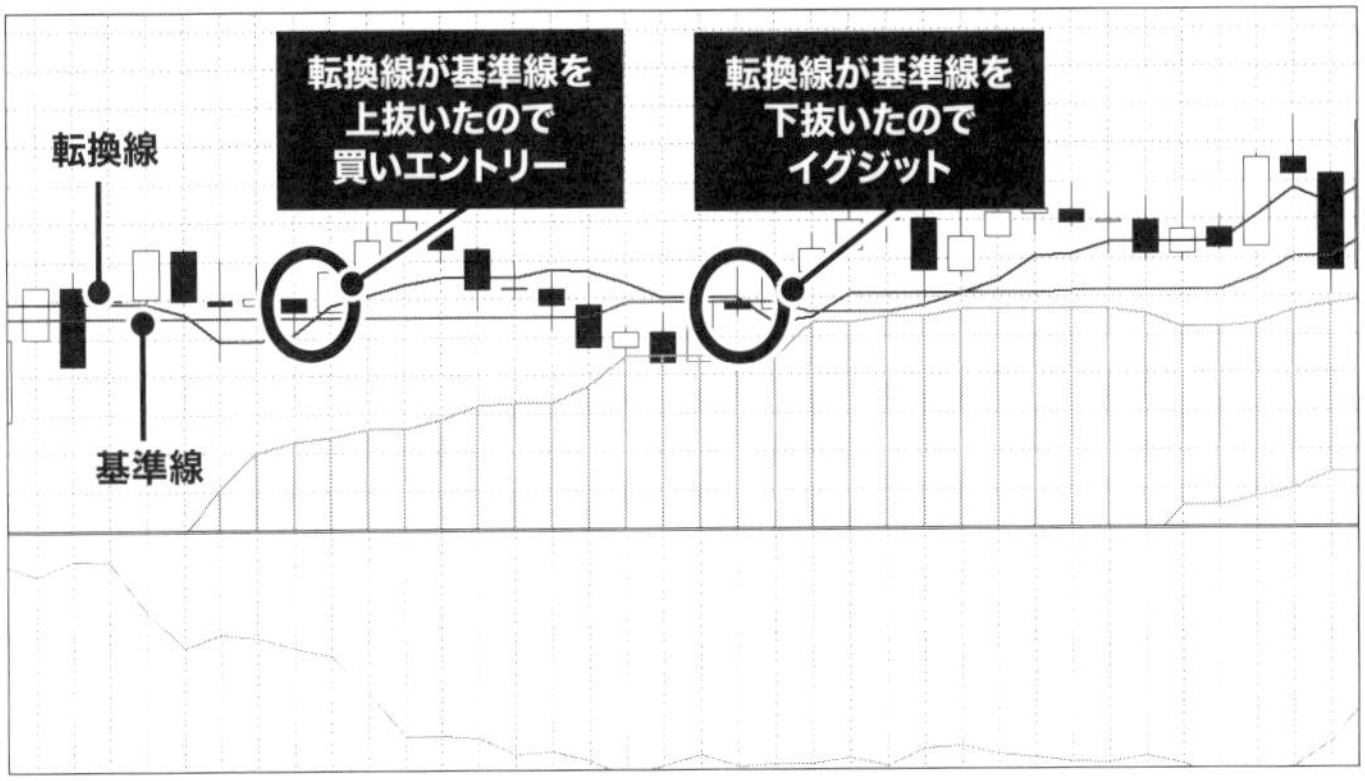

エントリー後、再度転換線と基準線がクロスしたらイグジットをする。トレンドが続く場合は、もう一度クロスするのでそのタイミングで再エントリーをする。

相場が大きく動いたら確定前にイグジット

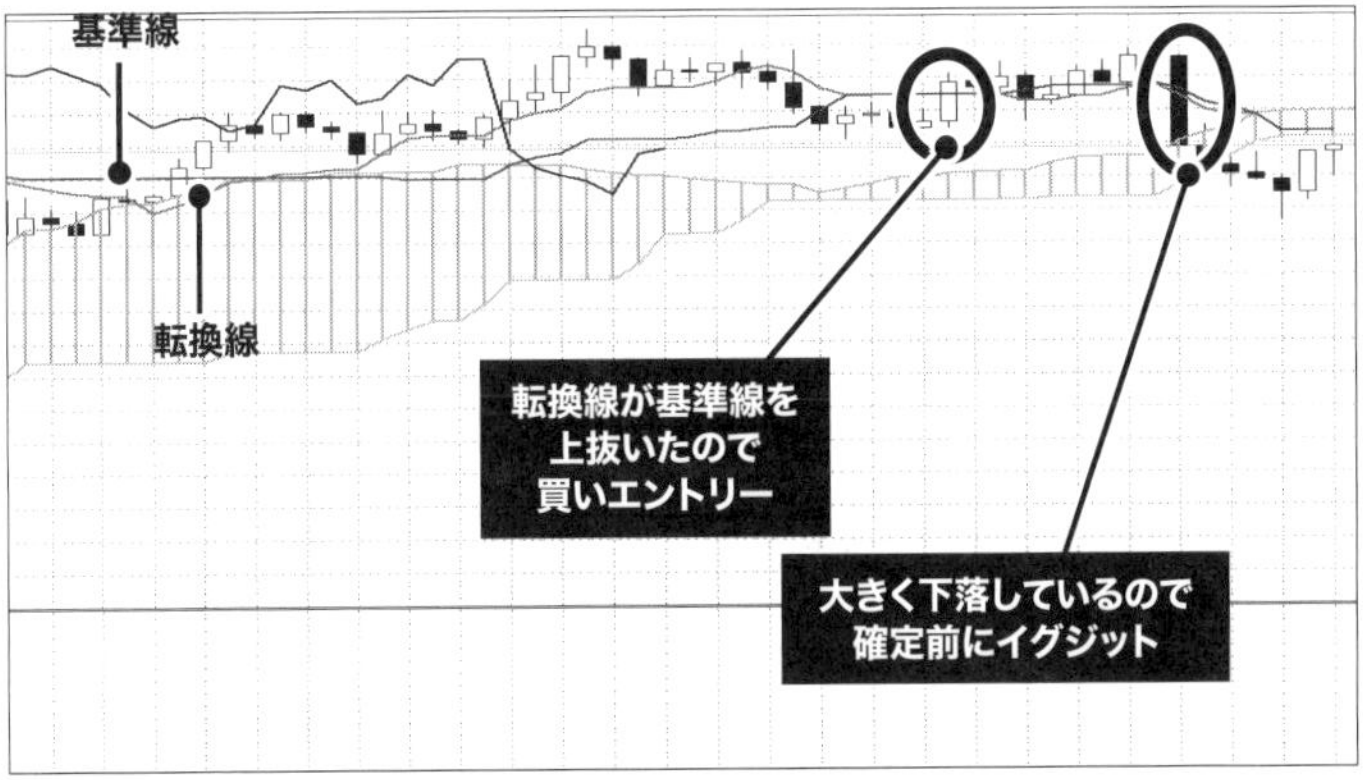

エントリーした方向とは逆方向にローソク足が大きく動いたら確定する前にイグジットをする。

05

儲けるためのテクニック

テクニック1 急激にローソク足が動いたら確定前にエントリー

192ページの手法では、ローソク足が確定してからエントリーすると説明しましたが、利益を追求したい場合はローソク足の勢いが強いときに限り、ローソク足の確定前にエントリーします。

左のチャートのようにローソク足が長い場合は、明らかに雲抜けすることがわかるので確定前にエントリーします。この場合のイグジットのタイミングは196ページで解説した方法と同じです。

また、確定前にエントリーすると利益が多くなりますが、損失の可能性も高くなるので、ある程度三輪さんの手法に慣れてから採用する方が安全でしょう。

三輪圭史さん

ローソク足の勢いが強いときは早めにエントリー

売りエントリーの場合

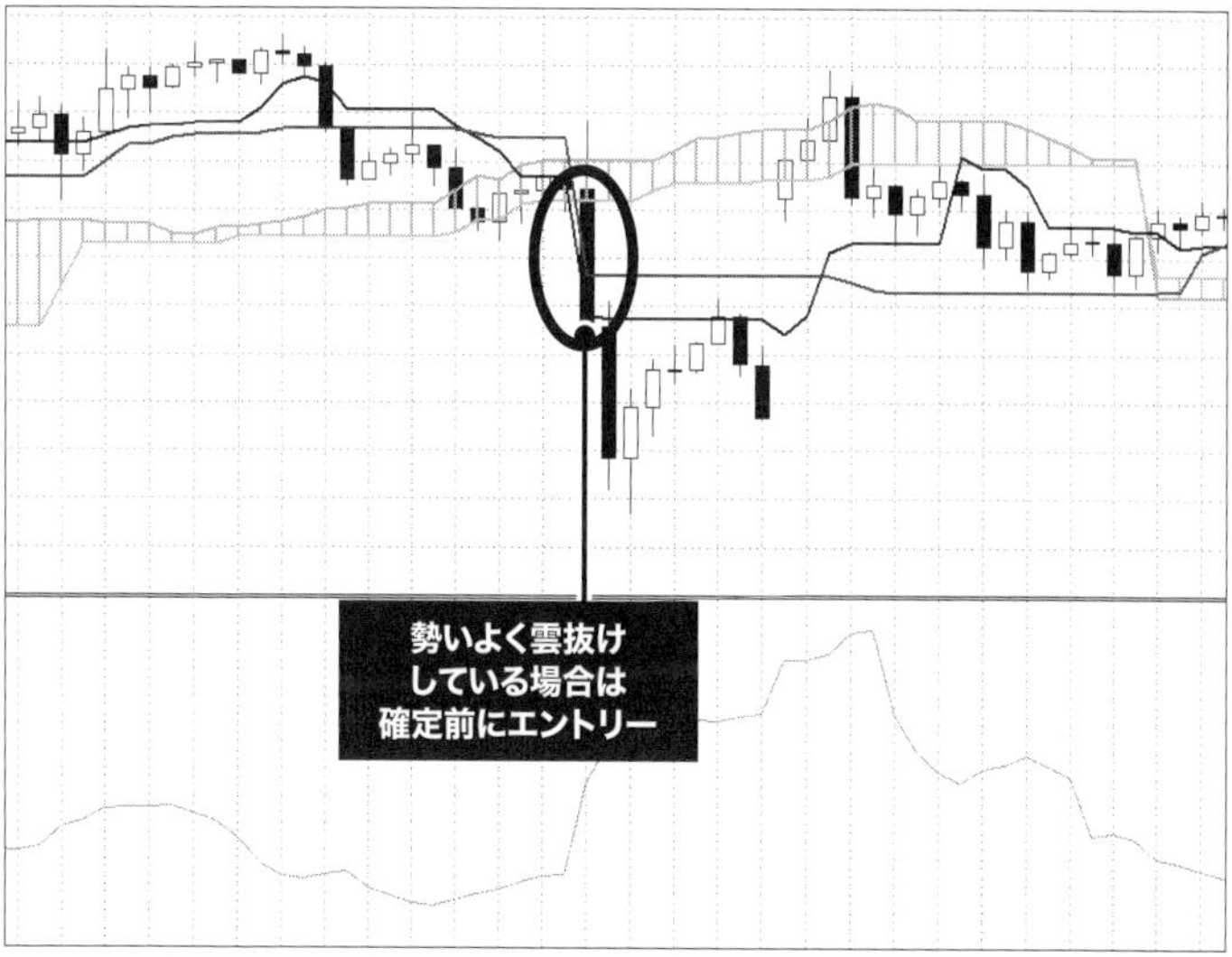
勢いよく雲抜け
している場合は
確定前にエントリー

ローソク足が大きく動いたら確定前にエントリー

テクニック2 基準線と転換線の向きで信頼性を上げる

200ページで説明した条件とは別に好転・逆転手法ではエントリーサインの信頼性を上げるために基準線と転換線の向きに注目した条件があります。

それは買いの場合は基準線と転換線がともに上向き、売りの場合は基準線と転換線がともに下向きという条件です。200ページで紹介したエントリーサインとは別にこの条件を採用することでエントリーサインの信頼性を上げることができます。

ただし、エントリーサインの回数は減ってしまうので、リスクをできるだけ抑えたい場合のみ採用してください。

また、リスクを抑える方法として遅行線を組み込んだ条件を200ページで紹介しましたが、同時には採用せず、どちらか片方のみを採用します。

遅行線の条件のほうがより信頼性が高く、エントリーサインの回数が減るので、バランスを考えてどちらを採用するのか決めましょう。

基準線と転換点の向きに注目

転換線と基準線が下向きなら信頼性が高い

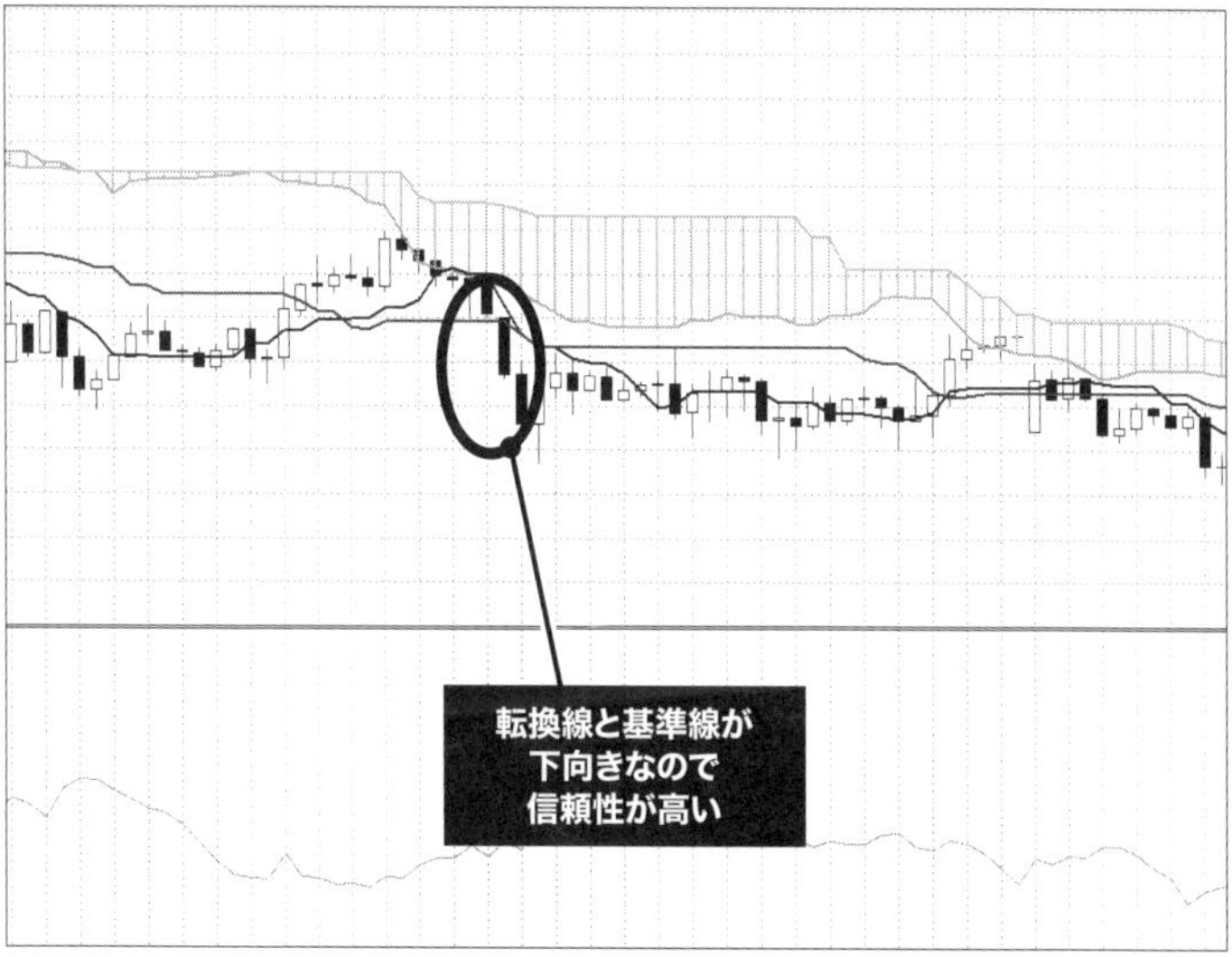
転換線と基準線が
下向きなので
信頼性が高い

遅行線の条件と
どちらかを使う

テクニック3　儲けた資金の一部は娯楽などに使う

三輪さんは、ＦＸで儲けた資金は使うことが大事だといいます。

「老後のためや自宅購入のためなどさまざまな理由でトレードしていると思うのですが、儲けた資金の3分の1くらいは使って行かないとモチベーションが保てません」

三輪さんは以前、ＦＸの利益の半分は投資資金に回し、残りは最低限の生活費と貯金に割いていたのですが、ＦＸを続けているうちに細かいミスが積み重なり、負け始めてしまいました。ＦＸばかりしている生活と稼いでも変わらない生活にメンタルが弱ってしまったそうです。そこで、利益の一部を趣味に使い始めたらＦＸでのミスもなくなり、今まで以上に勝つことができるようになりました。

その経験から利益を得られるようになったら、一部は娯楽や趣味に還元することでメンタルを整え、継続的に利益を得るには必要だと考えるようになりました。

テクニック4　負け始めたら無理せず休む

長年トレードしていると相場に対して手法が通用しない時期があります。どんなに優れた手法でも相場との相性があり、いつでも100%勝てるわけではありません。

三輪さんは1カ月の損益がマイナスになってしまった場合は相場との相性が悪いと判断して、次の月に入ったらトレードの本格的な運用は休止することにしています。休止中は1000通貨程度でトレードをして、勝てる相場になるまで待ちます。1000通貨トレードで勝てるようになり始めたら、トレード枚数を元に戻して再開します。

「今のところは1～2カ月もすれば勝てるようになっているので大丈夫ですが、4か月以上勝てない日が続いたら、手法が通用しなくなったと判断して、新しい手法を考えるつもりです」

第4章

シチュエーション別パターン分析

一目均衡表を使う投資家はどのように状況を判断してトレードしているのか？相場が大きく動いているときやサプライズによって急変しているときなど実際にあった10パターンのシチュエーションからどのようにトレードをしたのか解説しよう。

01

米中関係の進展による円安ドル高相場

２０１９年11月１日に米中両国は通商問題を巡る電話協議で進展が得られたことを明らかにしました。トランプ大統領は米国内で中国の習近平国家主席と合意に署名したいとの考えを表明し、アイオワ州で署名する可能性を示しました。また、中国商務省でも電話協議の結果原則で一致したと発表しました。

これをうけ、ドル円相場は円安ドル高になり、11月中旬ごろまで上昇トレンドが続きました。

また、この円安ドル高相場は11月１日に発表された米雇用統計が良好な結果になったことも影響しています。

2019年11月1日〜11月14日

米ドル/日本円の1時間足チャート

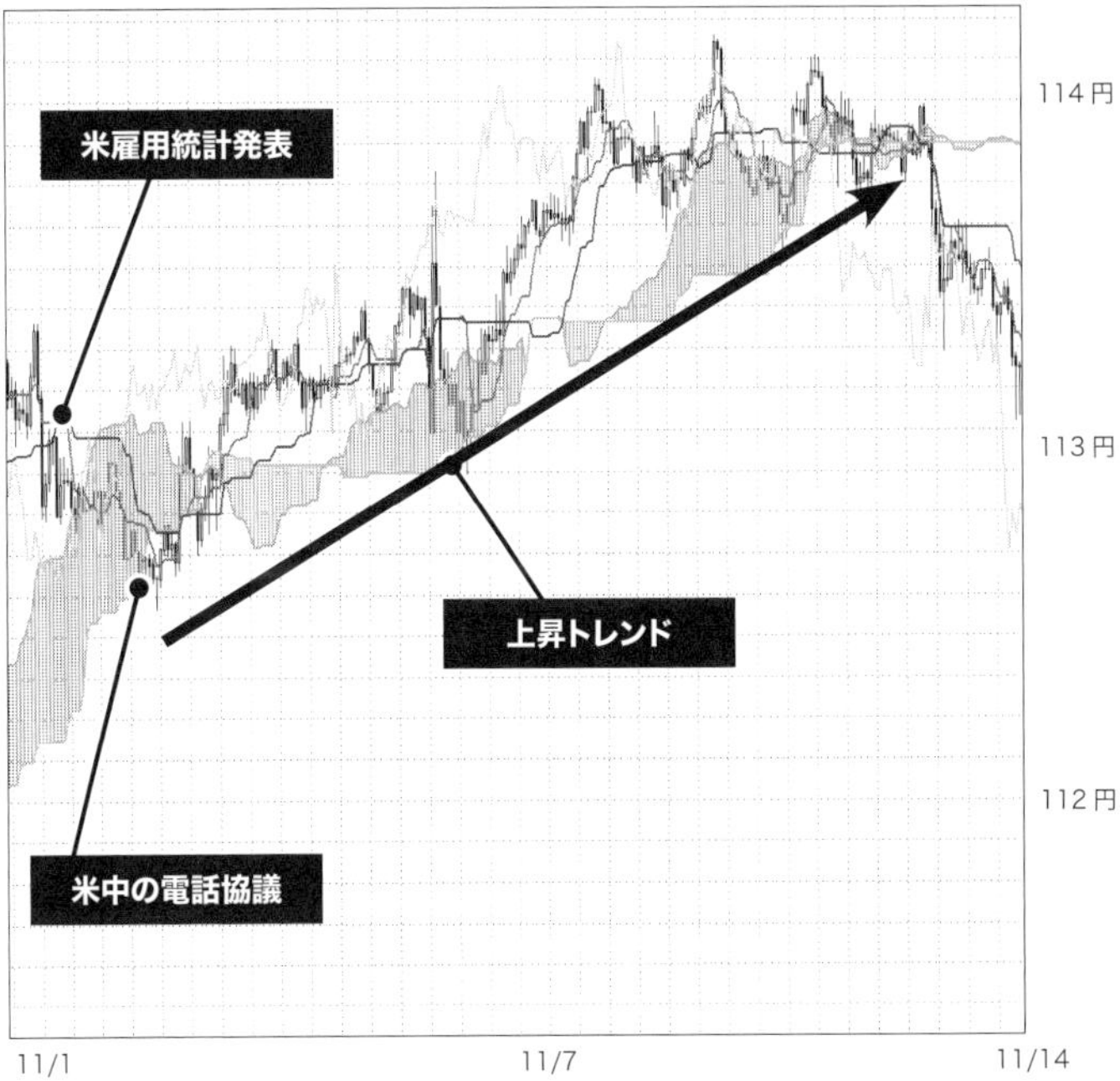

▶ 米中の通商問題が進展

▶ 米雇用統計が良好な結果

向山茂さんの考え方

1 ローソク足が雲を上にブレイクしたので買いエントリー

2 基準線を下にブレイクしたので利食い

一方的な上昇トレンドでしたが値幅はあまり広くなかったのでトレードしにくい相場でした。

トレードできる場面もありましたが、手法どおりにトレードしても利益が薄かったり、わずかな損失になってしまうことが多かったです。

まとめ

値動き幅が狭いため、利益が得られるトレードにならなかった。

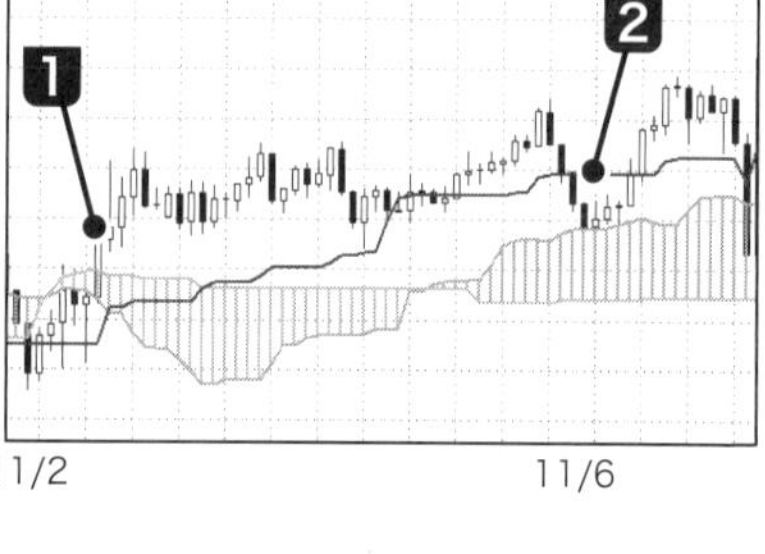

1
2
11/2
11/6

小幅な動きで利益が狙えなかった

加藤純也さんの考え方

1 大きなN波動を形成しながら雲をブレイクしたので買いエントリー

2 基準線を下にブレイクしたので利食い

大きなN波動を形成しながらローソク足が雲を上にブレイクしたので買いエントリーしたのですが、その後は思ったよりも上昇せずに基準線を下にブレイクしたので利食いしました。

利益は得られたので成功とはいえますが、手法と相場の動きはマッチしていませんでした。

まとめ

あまり値動きしなかったため、トレードは成功したものの、利益が期待外れな結果になった。

思ったよりも
上昇しなかった

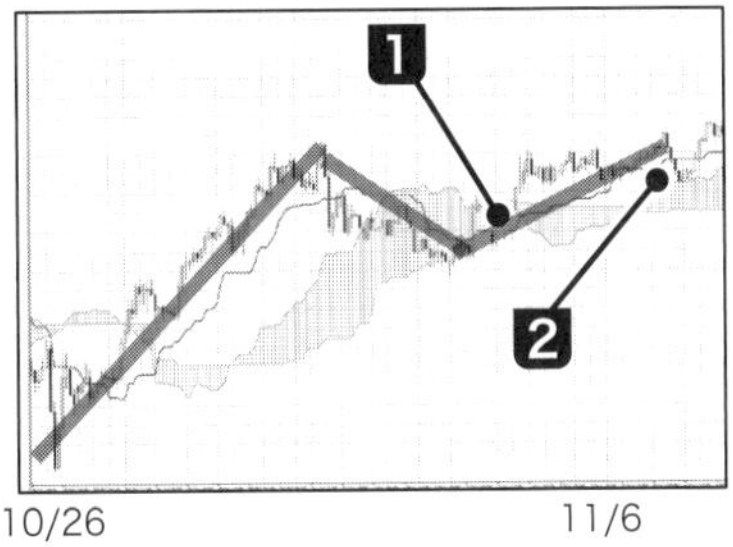
1
2
10/26
11/6

2018年の米国の度重なる利上げにどう対処したのか?

02

米国の利上げによる円安

米国は2018年4月、6月、9月に3度の政策金利の利上げを行いました。それにともない米ドル/日本円の相場は円安に動き、2018年4月~11月にかけて強い上昇トレンドが続いていました。

その後、米国は12月にも利上げを行いましたが、すでに織り込み済みであまり大きな反応はなかった。

2018年2月～11月

米ドル/日本円の日足チャート

▶ 2018年に米国は3度利上げをした

▶ 利上げのたびに円安に

加藤淳也さんの考え方

1 小さい波動が高値を更新しない

2 高値を更新したあとは雲を下にブレイクしてしまいエントリーできなかった

明確な上昇トレンドだったのですが、波動の形としてはトレードしにくい動きでした。

小さい波動ではあまり高値を更新しないためなかなかエントリーサインが出ず、大きな波動で見るとトレンドの勢いが強すぎるためトレードに適していませんでした。

まとめ

エントリーサインがなかなか出ず、思うようなトレードができなかった

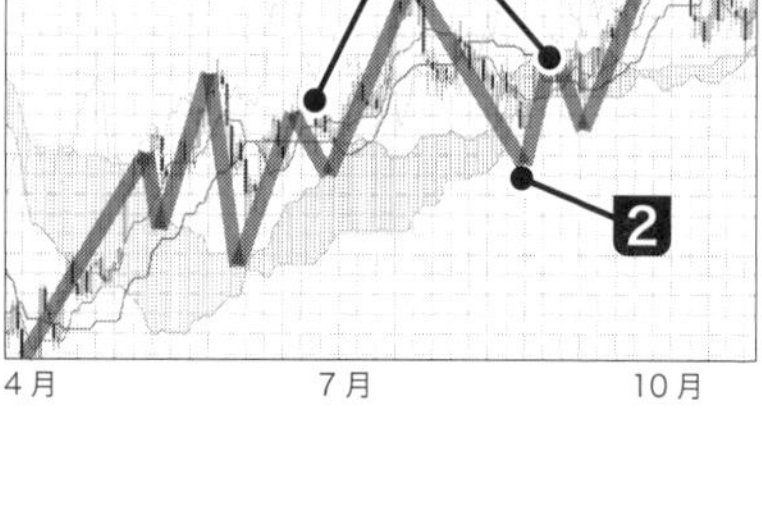

花輪拓馬さんの考え方

1 ＭＡＣＤのゴールデンクロスで買いサイン

2 すぐに売りサインがでてしまう

全体的には上昇トレンドでも細かく下落やもみ合い相場が絡んでました。ＭＡＣＤがそれに反応してしまい保有期間が短いトレードが多くなる結果となりました。失敗ではないのですが、手法がうまく相場にハマっていなかったという印象があります。10月～11月末にかけて三角持ちあいの形になり、12月中旬に大きく下落に転じています。

まとめ

結果として保有期間の短いトレードになり、思うようなトレードができなかった

手法がうまく相場にはまらなかった

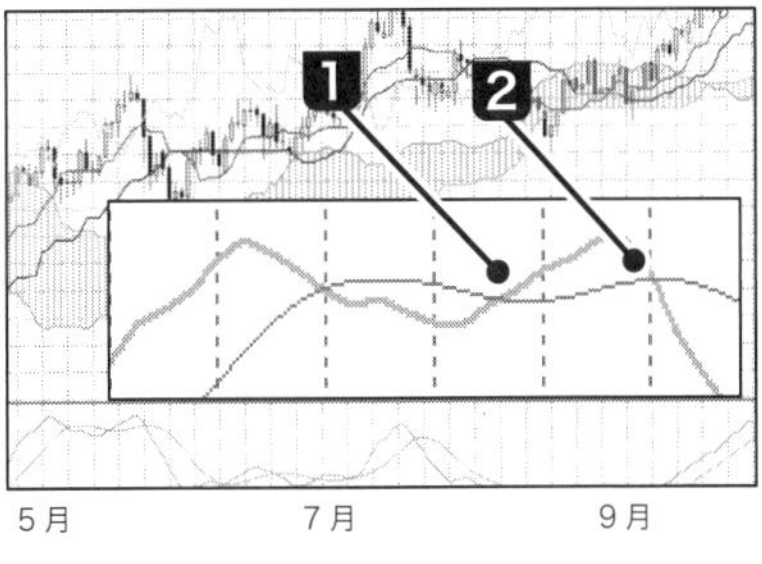
1
2
5月
7月
9月

03

米国株価急落による円高

2018年初の米ドル／日本円は強い下降トレンドになりました。

この原因は日銀の超長期国債買い入れの減額や米政権の貿易相手国への報復関税や輸入制限を検討したこと、米国の株価急落のためのリスクオフなどさまざまな要素が重なり円高になったようです。

この下降トレンドは1月から3月まで長期間続きました。一方方向のわかりやすい相場だったため、トレーダーにとってはトレードしやすい環境だったようです。

2017年12月〜2018年4月

米ドル/日本円の日足チャート

▶ 2018年1月から3月にかけて日銀の超長期国債買い入れの減額や米国の株価急落などの影響で強力な下降トレンドが続いた

向山茂さんの考え方

1 基準線付近での反発を狙って売りエントリー
2 基準線をブレイクしたタイミングでイグジット

トレンド前にもみ合っていたので、雲ブレイクによるエントリーはできませんでしたが、下降の勢いが強かったので基準線付近で反発して、エントリーしやすい相場でした。

ここまで一方方向の場合、戻りが発生しにくく、基準線まで上昇しにくいので、売りエントリーをするのはタイミングが計りにくいので早めに売りエントリーできた点は良かったと思います。

まとめ

初動がわかりやすかったため利益が取れる相場だった。

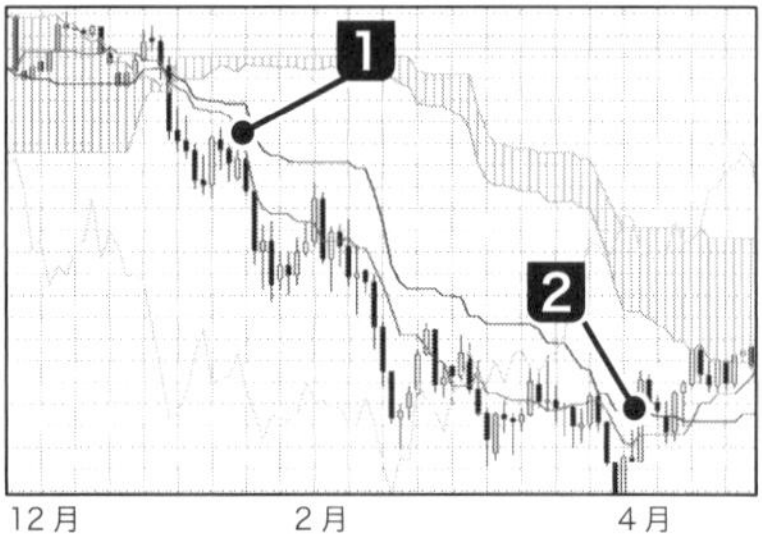

坂井泉さんの考え方

1. 雲の下にブレイクし売りエントリー
2. 安値の更新が鈍り始め、ＲＣＩが上昇しているのでトレンドの終了を予想
3. トレンドが終わったタイミングでＲＣＩによるイグジットサイン

ここまで一方的なトレンドだとトレードしやすいです。トレンド発生を狙うような手法ならサインが出やすい動きだったと思います。当時は、安値の更新が鈍り始めたあたりからＲＣＩが上昇しているので、トレンドが終了しそうだと分析しました。

まとめ

トレンドの発生を狙った手法にとっては稼ぎやすい相場だった。

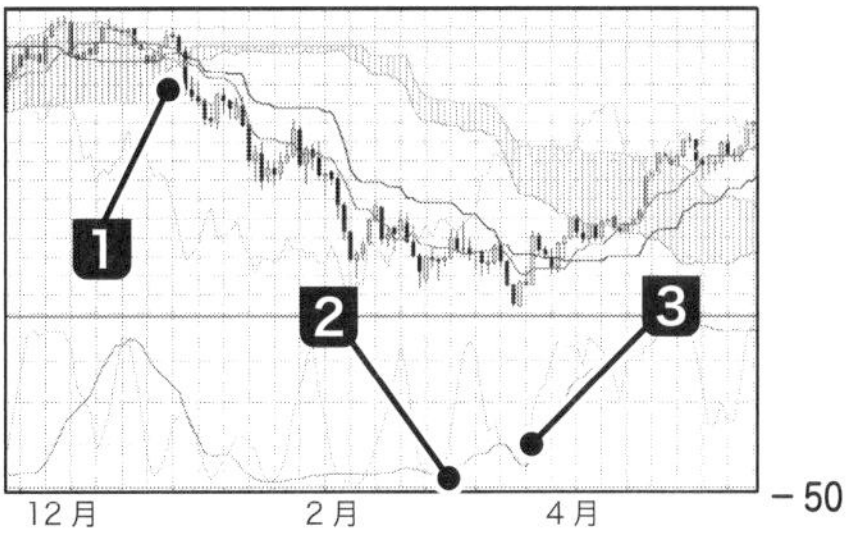

04

急激な下降トレンド

２０１７年８月は、北朝鮮がグアム近海に向けてミサイルを発射する可能性などの地政学リスク、ユーロの高騰、トランプ政権に対する批判などのさまざまな要因が重なり円高が続きました。

また、米国の長期金利の利下げの影響もあり円が相対的に高くなった結果、円高スパイラルともいうべき状態になっていました。

こうした中、８月16日に突如発生した急激な下降トレンドに対して投資家はどのように対処したのでしょうか。

2017年8月16日〜8月25日

米ドル/日本円の1時間足チャート

▶ 全体が下降トレンドが続くなか1時間足での急激な下降トレンド

花輪拓馬さんの考え方

1 デッドクロスで売りエントリー
2 大きな陽線
3 ゴールデンクロスでイグジット

円高が続いていたので、売りエントリーを待ち構える相場でした。エントリーは比較的いいタイミングでしたが、イグジットする直前に強烈な陽線が発生してしまったので思ったよりも利益は少なかったです。この陽線は大きな下降の流れに対する典型的なリバウンドの動きでしたが、予想以上に速い動きでした。

まとめ

予想を上回るリバウンドの動きに対処できず利益は限定的に。

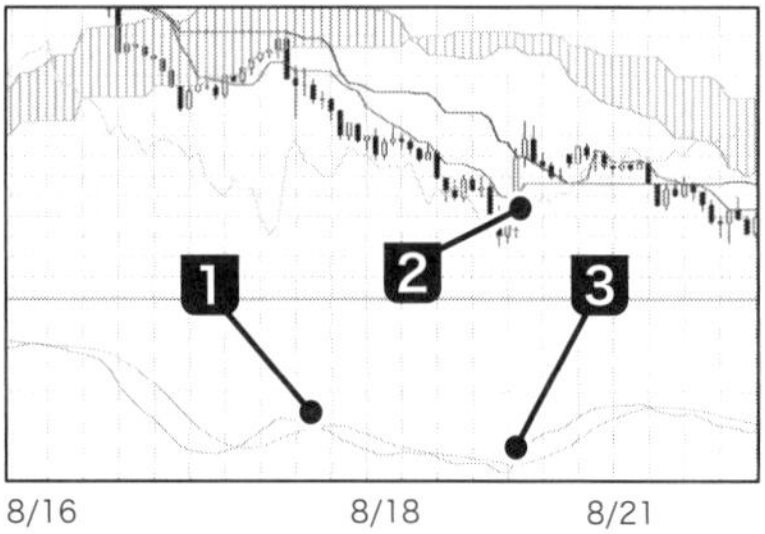

三輪圭史さんの考え方

1. 雲を下にブレイクしたタイミングで売りエントリー
2. 先行スパンに沿うように上昇しながらATRによる損切り基準に達したのでイグジット

損切り後もローソク足が雲の中に入らなかったので、雲ブレイクによるエントリーサインになりませんでした。強いトレンドのときは雲ブレイク手法がうまくいきやすいのですが、このときは、先行スパンに沿うように上昇する珍しい動きだったため、再エントリーもできませんでした。

まとめ

エントリー直後の上昇に翻弄されあまりうまくトレードができなかった。

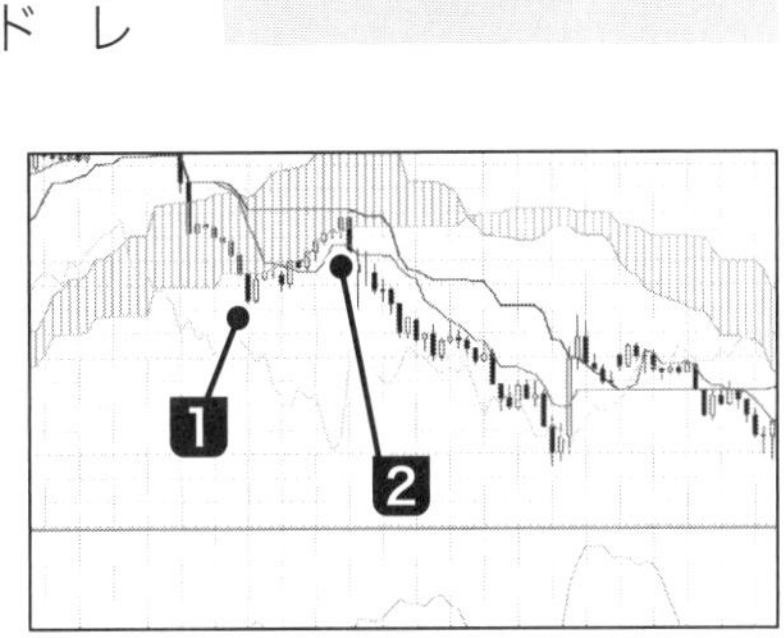

05

北朝鮮による地政学リスクで円高

2017年は北朝鮮による地政学リスクの回避のために円高になることが多い時期でした。

とくに9月2日は北朝鮮が水爆実験を成功させ、北朝鮮の建国記念日(9月9日)が近かったこともあり、急激な円高になりました。

その結果、北朝鮮の建国記念日を翌日に控えた9月8日の米ドル/日本円の相場は2017年の最安値を記録しました。建国記念日になにも起こらなかったこともあり、9月8日以降は大きく円安の動きになっています。

2017年5月〜11月

米ドル/日本円の日足チャート

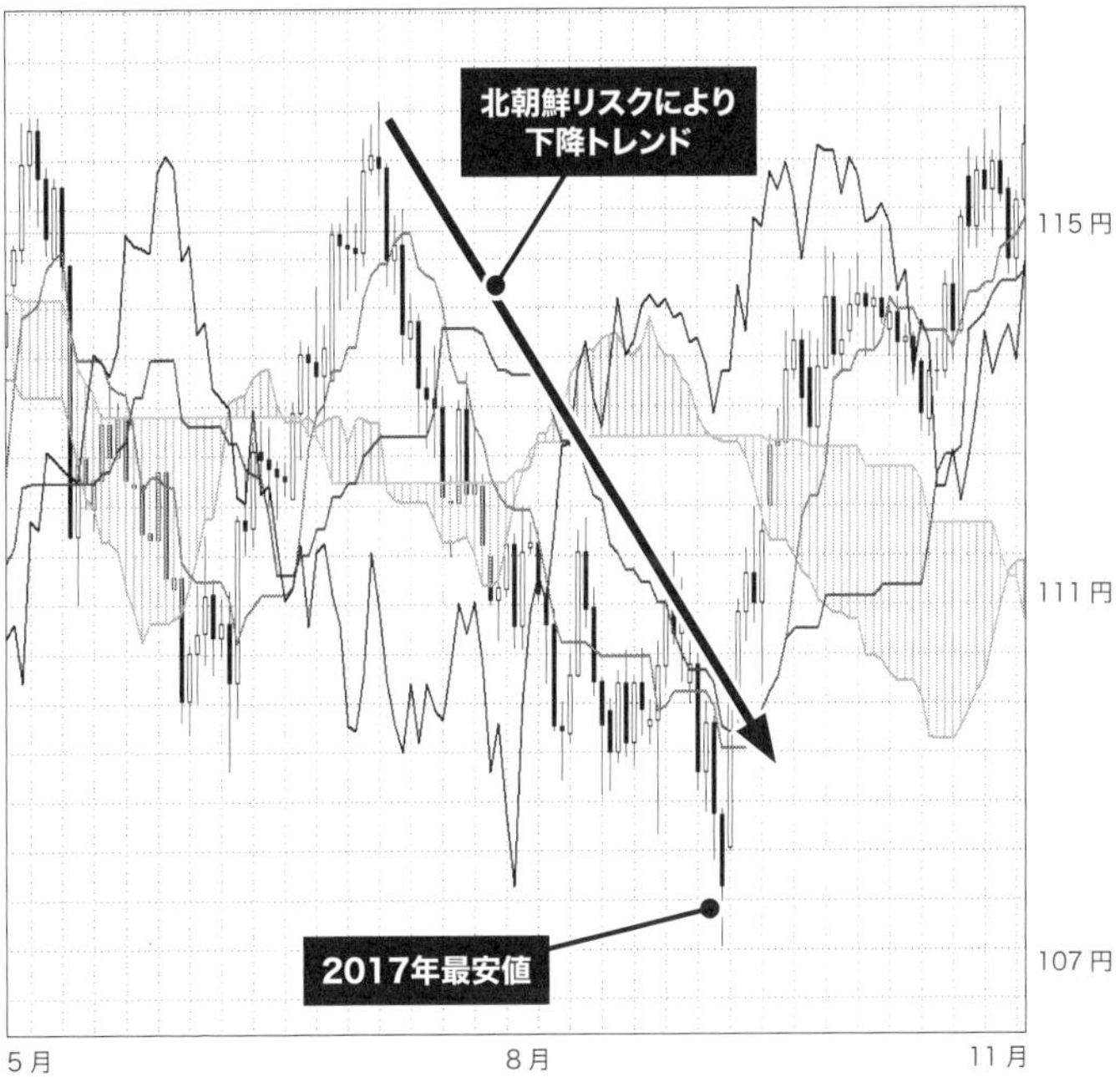

▶ 北朝鮮によるリスク回避のため、円高になる動き

▶ 北朝鮮の建国記念日を翌日に控えた9月8日には2017年の最安値を記録した

向山茂さんの考え方

1 雲を下にブレイクしたので売りエントリー

2 基準線をブレイクしたのでイグジット

２０１７年は全体的にトランプ政権や北朝鮮リスクなどのファンダメンタルズの影響でテクニカル派としては分析しにくい１年でした。

２０１７年の最安値近辺のトレードでは、７月中旬ごろから始まった下降トレンド狙いだったのですが、北朝鮮の水爆実験直前の戻りに刈られる形でイグジットサインが出てしまいました。

まとめ

ファンダメンタルズの影響で苦戦し、思うようなトレードができなかった。

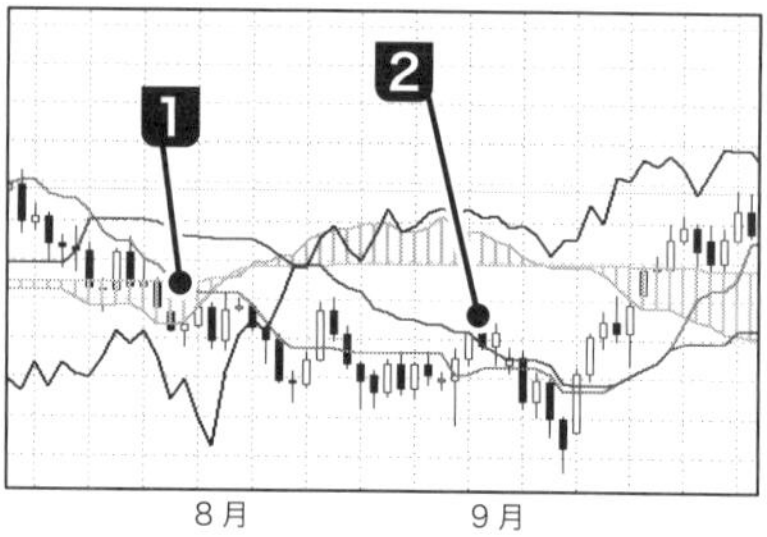

1
2
8月
9月

ファンダメンタルズの影響が強かったです

三輪圭史さんの考え方

1 ローソク足が雲を下にブレイクしたタイミングで売りエントリー

2 ＡＴＲによる利食い基準でイグジット

２０１７年の最安値を記録した９月８日は建国記念日前日ということもあり、リスクオフのために円高になることは予想できていました。

チャートも予想どおり下落トレンドでわかりやすい売りサインが出ていたので、ストレスなくトレードをしていました。

まとめ

短期トレンドが明確だったのでトレードしやすい環境だった。

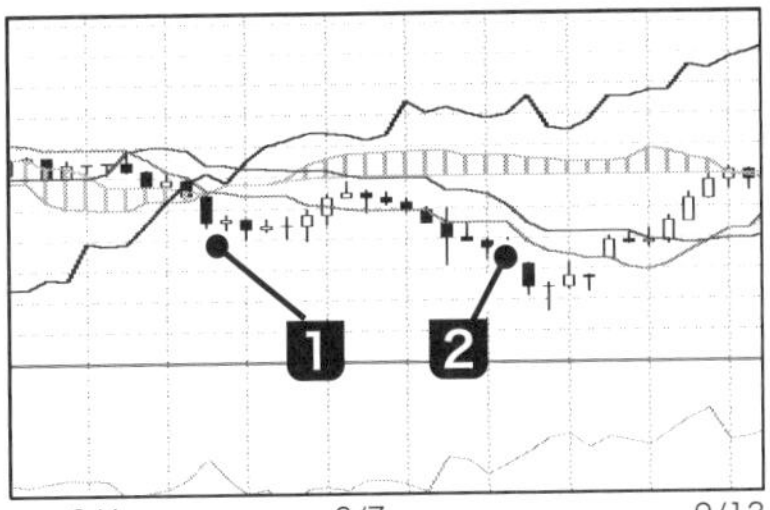

06 英国の前倒し選挙による急騰&急落

２０１７年４月18日にイギリスのメイ首相（当時）は２０２０年に予定されていた下院総選挙を前倒しすると発表しました。この前倒し選挙は、与党の勝利が見込まれていたため、期待感からポンド高になりました。

しかし、５月11日ごろから高まりすぎた期待感の影響からかポンド安になり急落を始め、さらに６月８日に投開票を実施すると、与党が単独過半数を獲得できないというサプライズともいえる選挙結果になってしまい、英ポンドが急落する事態となりました。

2017年3月17日〜7月19日
英ポンド/日本円の日足チャート

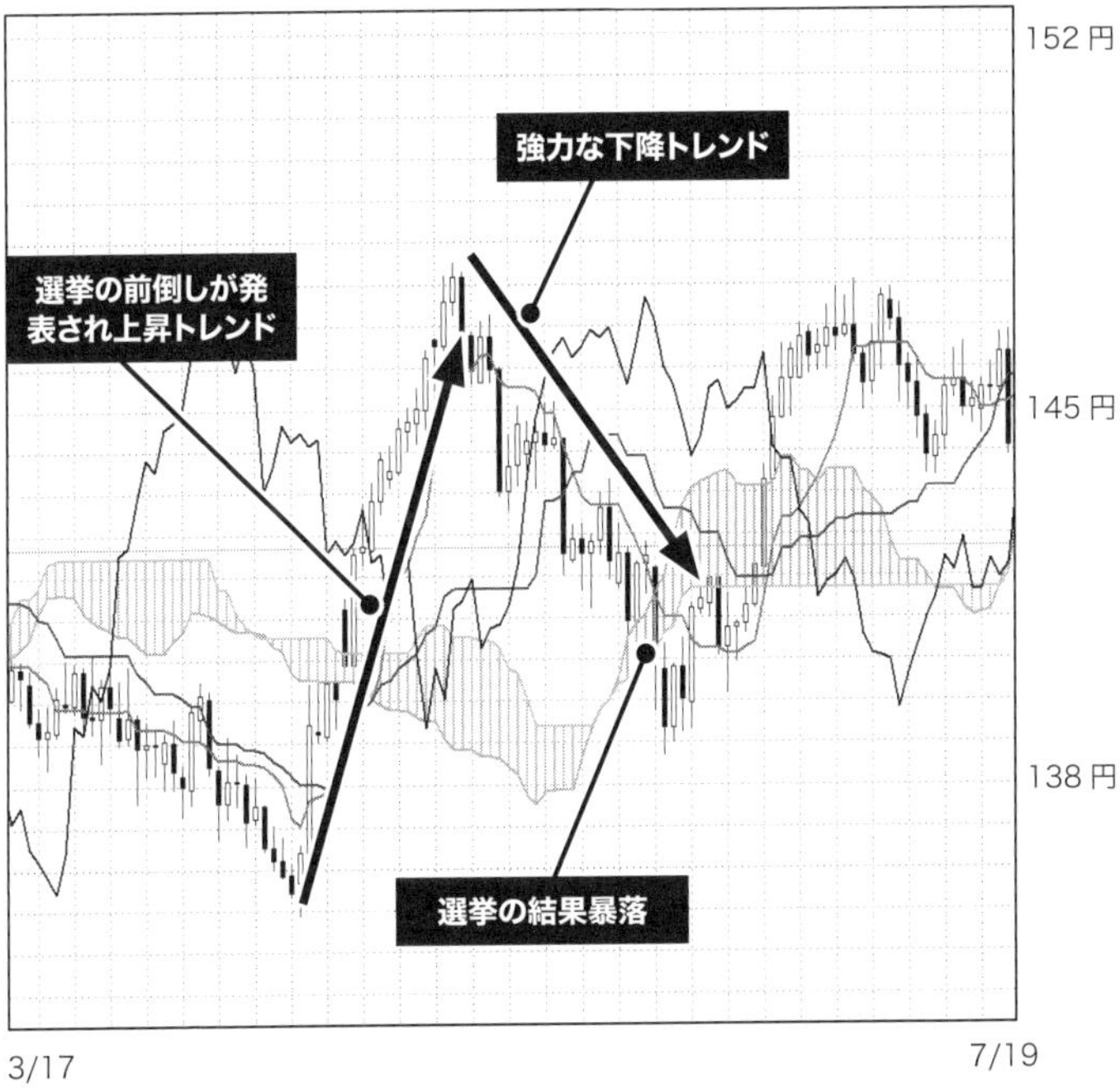

- 4月18日に英国の下院総選挙が前倒しされることが発表され、期待感から急騰
- 5月11日ごろから下降トレンドになる
- 6月8日の選挙の結果、与党が単独過半数を獲得できなかったため、失望感からさらに暴落

加藤淳也さんの考え方

1 雲をブレイクしたタイミングで買いエントリー

2 基準線の下にブレイクしたのでイグジット

下院総選挙の前倒しによる急騰と選挙結果による暴落により大きなN波動を形成しつつある局面でした。ただし、ファンダメンタルズのサプライズによる値動きだったので、その後の上昇はどこまで動くかはテクニカル的な視点である値幅観測論では難しいと感じていました。結果的にはいいタイミングで基準線によるイグジットができた成功トレードになりました。

まとめ

ファンダメンタルズの影響が大きかったが、結果的には利益を得ることができた。

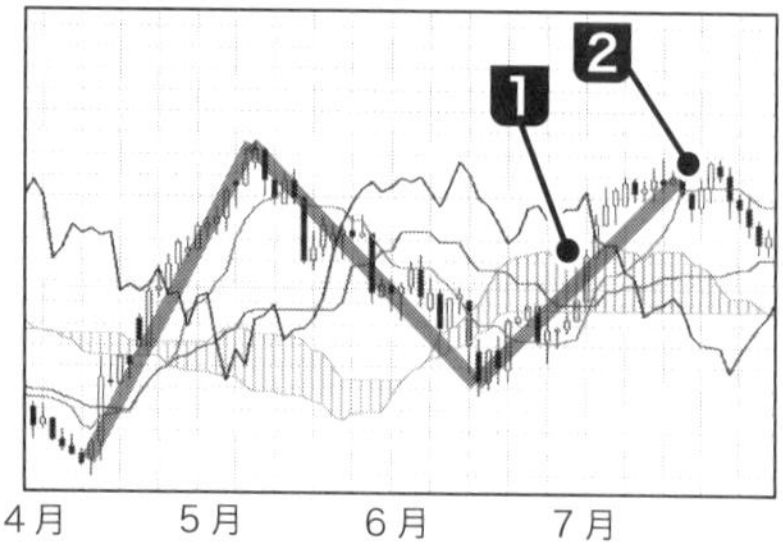

坂井泉さんの考え方

1. 雲をブレイクしたタイミングで買いエントリー
2. RCIでイグジット

前倒し発表後の動きに乗れたので大きな利益を得ることができました。選挙後にもエントリーサインは出ていましたが、エントリーしませんでした。事前調査に対して、与党の負けはサプライズだったので急落していましたが、選挙前からの急激な下降トレンドのことを考えると大きなリバウンドが怖かったこともあり、リスキーだと判断しました。

まとめ

選挙後はリスクが高い相場だと判断してトレードは行わなかった。

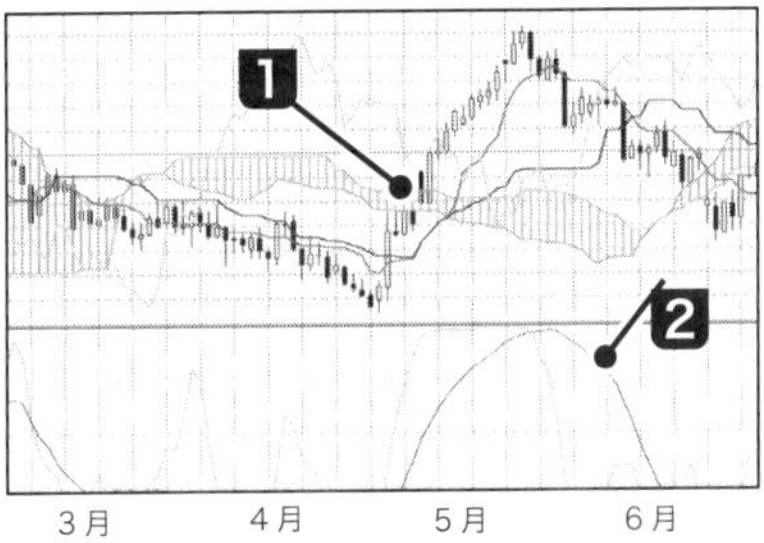

07

米国株相場の急落による円高相場

2017年2月5日に米株相場が急落したことをきっかけに日本株や米株先物などが一斉に下落しました。その結果、リスク回避のために円買いが進み、急激な下降トレンドが発生しました。

しかし、2月7日に日銀の黒田総裁が長期金利の操作目標の引き上げに否定的な見解を示したことで、円買いから一転して円売りが進み、急激な上昇トレンドに転換しました。

結果的に急落と急騰が短期的に連続して発生する動きとなりました。

2017年2月1日〜2月13日

米ドル/日本円の1時間足チャート

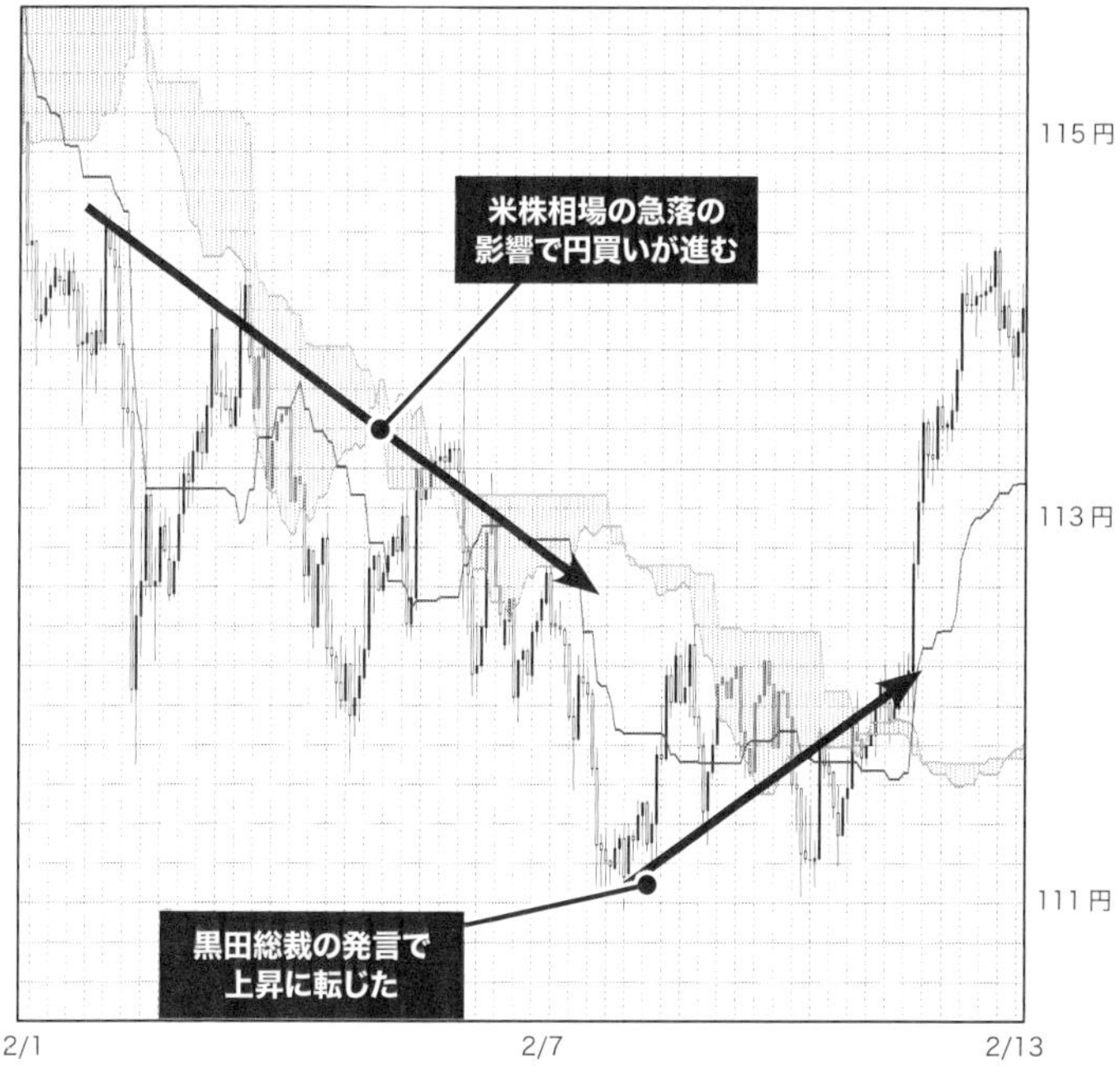
115円
113円
111円
米株相場の急落の影響で円買いが進む
黒田総裁の発言で上昇に転じた
2/1
2/7
2/13

- 米株相場の急落の影響で円買いが進み急激な下降トレンドが発生
- 日銀の黒田総裁が長期金利の引き上げに否定的な見解を示したことで円売りに転換した

三輪圭史さんの考え方

1 雲抜けによるエントリーサインがあったが、テクニカル指標による値動きではなかったので、エントリーは見送った

テクニカルによる値動きではなかったので、トレードは行わず、チャートが落ち着くまでは様子見に徹していました。このときは黒田総裁の発言によるわかりやすいタイミングで急騰しましたが、株価由来の値動きの場合、テクニカルでは反発のタイミングがわかりにくくなります。株価の動きで値動きが決まりやすいので、あまり手を出さない方がいいと思います。

まとめ

要人発言による値動きだったので、トレードは行わず様子見に徹した。

チャートが落ち着くまで待ちました

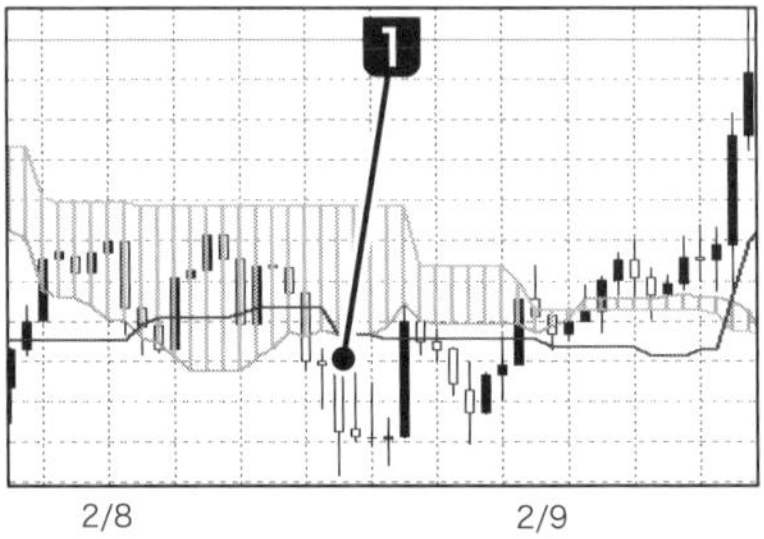
1
2/8
2/9

花輪拓馬さんの考え方

1. MACDのクロスで売りエントリー
2. 黒田総裁の発言後イグジット

エントリーはルールどおりに行いましたが、黒田総裁の発言は明らかに急騰する要因だと判断したので、イグジットサインが出る前に利食いしました。明らかに相場に影響を与えるサプライズ発言は注意するべきです。とくに1時間足でトレードしている場合は、サプライズ発言による影響を大きく受けるので、テクニカル以外のニュースなどに気を付けておきましょう。

まとめ

要人発言を確認後、イグジットサインが出る前にイグジットすることでリスクを回避。

黒田総裁の発言でイグジットしました

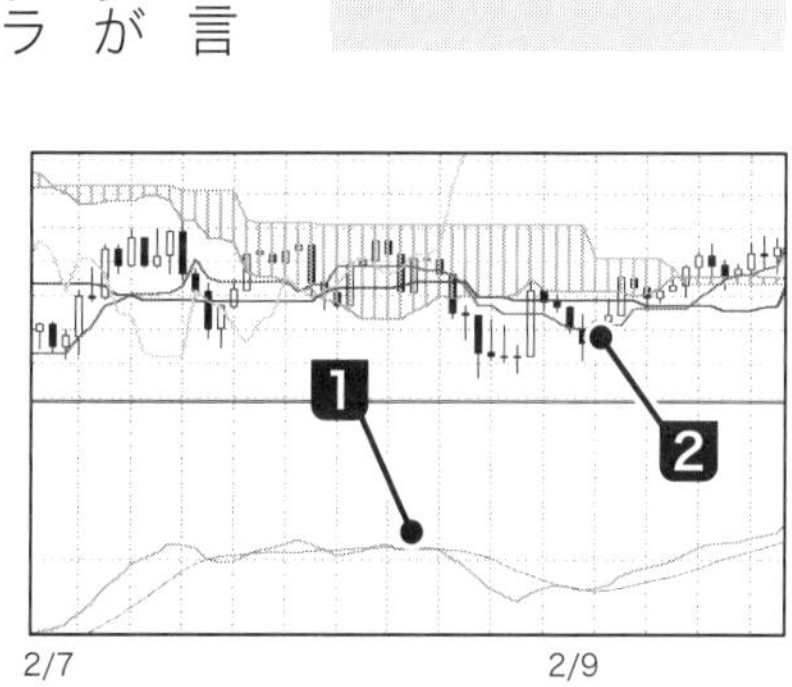
1
2
2/7
2/9

２０１７年のトランプ大統領に翻弄された相場

08

トランプ大統領の失言による円安相場

米国の大統領選後の急激な上昇トレンドは２０１６年12月には停滞、２０１７年に入ってからは急激な下落トレンドへと切り替わりました。

この下降トレンドの原因はトランプ大統領の言動が大きな要因のひとつとなっています。トランプ大統領の発言が他国との緊張を高め、米国との貿易に悪影響を与えると考えられ、ドル売りが加速しました。

ちなみに、２０１７年１月３日に米ドル／日本円がつけた１１８・６６円が２０１７年の最高値でもあります。

2017年1月〜9月

米ドル/日本円の日足チャート

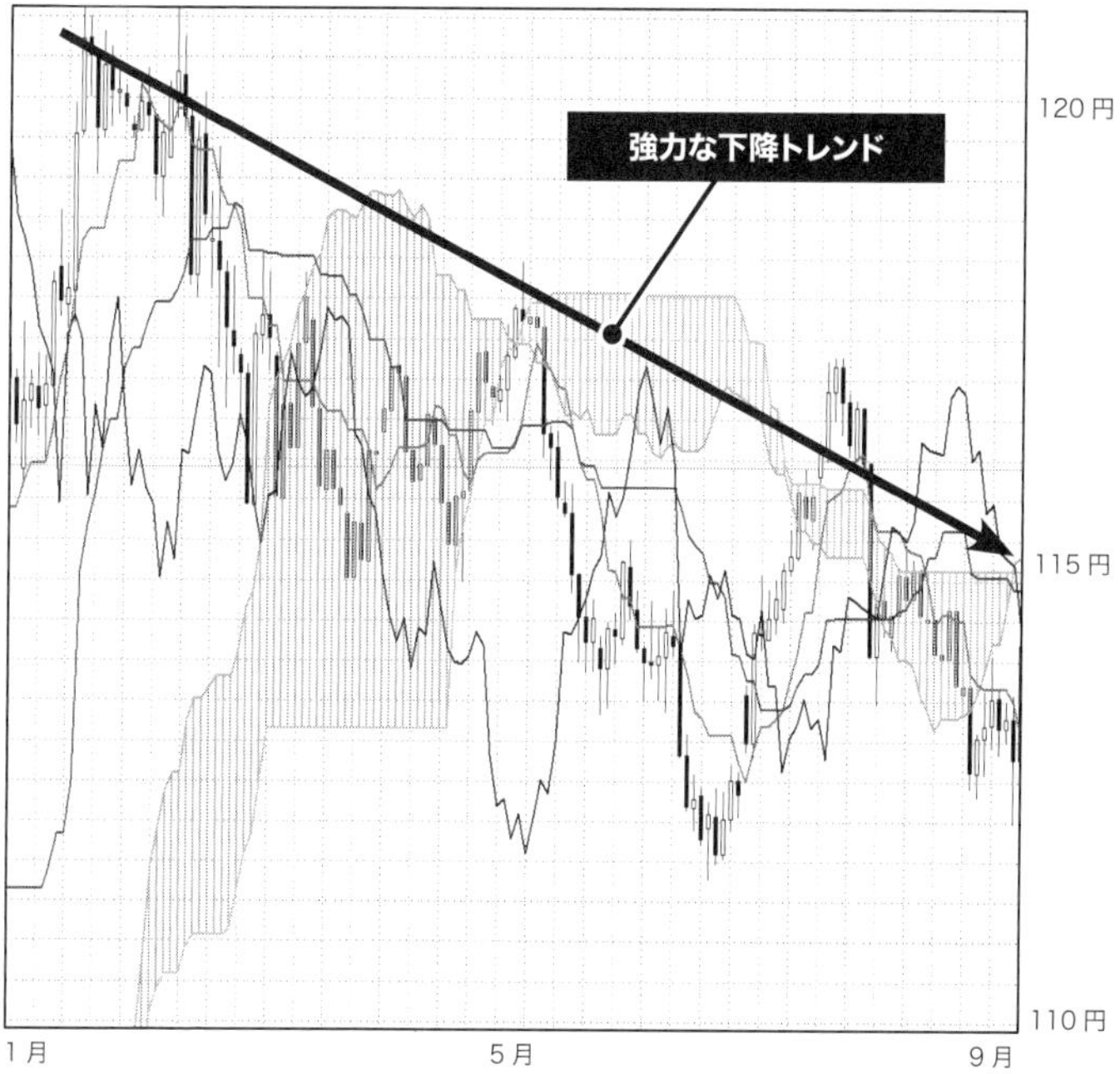

▶ **トランプ大統領の発言や言動により大きな下降トレンドが発生した**

向山茂さんの考え方

1 3月末ごろに戻り売りのサインが出たので売りエントリー

2 基準線の下にブレイクしたのでイグジット

2016年末は急激な上昇でした。2017年に値が下がり始めても、今後の相場の判断が難しかったので様子見が続いていました。3月末ごろから下降トレンドと判断できたので戻り売りを狙ったトレードを行いました。強力な下降トレンドではあるのですが、テクニカル的には基準線の傾きがない期間も多く、トレードがしにくい期間ではありました。

まとめ

米大統領の発言によって動く相場だったので、テクニカルでは判断しにくい状況だった。

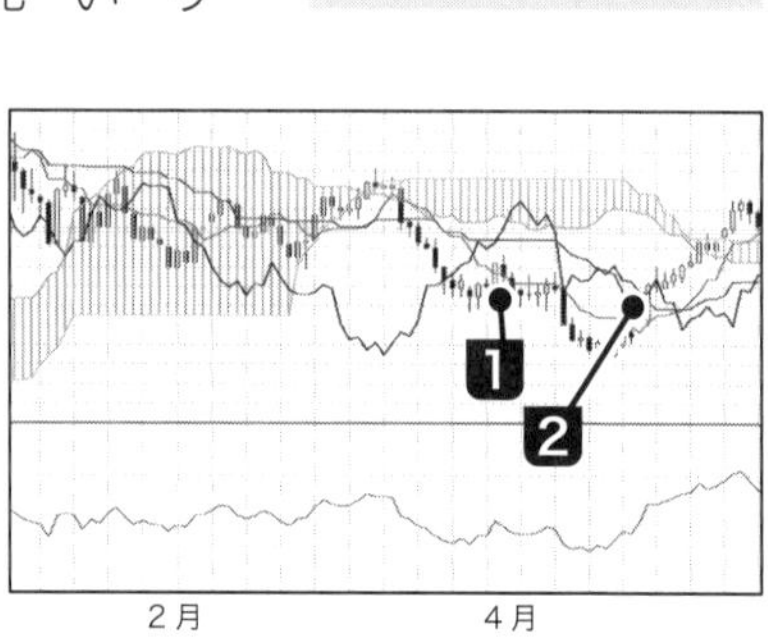

坂井泉さんの考え方

1 雲の中で反発を狙ってエントリー
2 基準線のブレイクでイグジット

1月末ごろから3月上旬にかけてはローソク足が雲の中で推移していたので雲反発手法でトレードをしていました。

強力な下降トレンドですが、トランプ大統領の発言や行動によって動いていたので、テクニカルでは判断しにくい相場でした。

2016年末の急騰の影響もあったので、積極的にトレードせずに様子見に徹している投資家も多かったと思います。

まとめ
テクニカルで判断しにくい相場だったので積極的にトレードしにくかった。

いつ相場が急変するかわかりませんでした

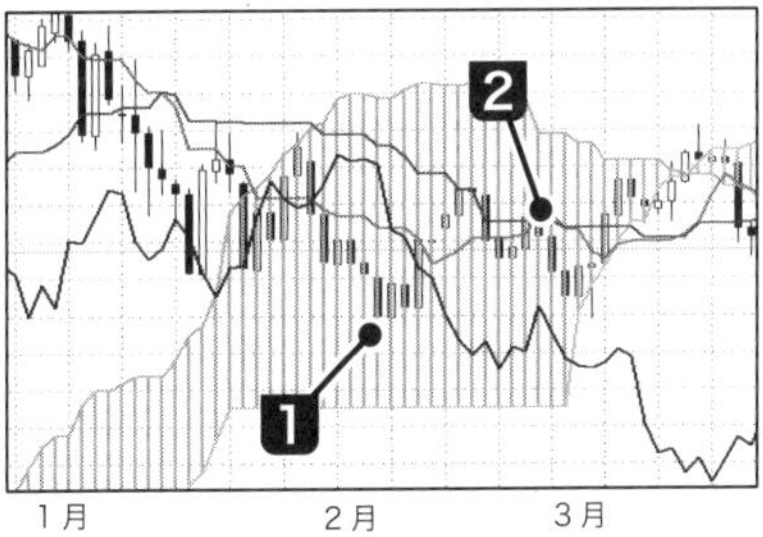
2
1
1月
2月
3月

09

日銀のマイナス金利導入による動き

2016年1月29日に日銀が金融政策決定会合を開催し、マイナス金利を加えた「マイナス金利付き量的・質的金融緩和」を導入することを発表しました。黒田総裁は導入以前は、「マイナス金利は具体的に考えていない」と発言していたため、市場にとってサプライズとなり急激な上昇トレンドとして一気に相場が動きました。

しかし、市場に与えた影響は限定的で、3営業日後には急激な下落に転じ、強力な下降トレンドが発生しました。

2016年1月19日〜2月19日

米ドル/日本円の4時間足チャート

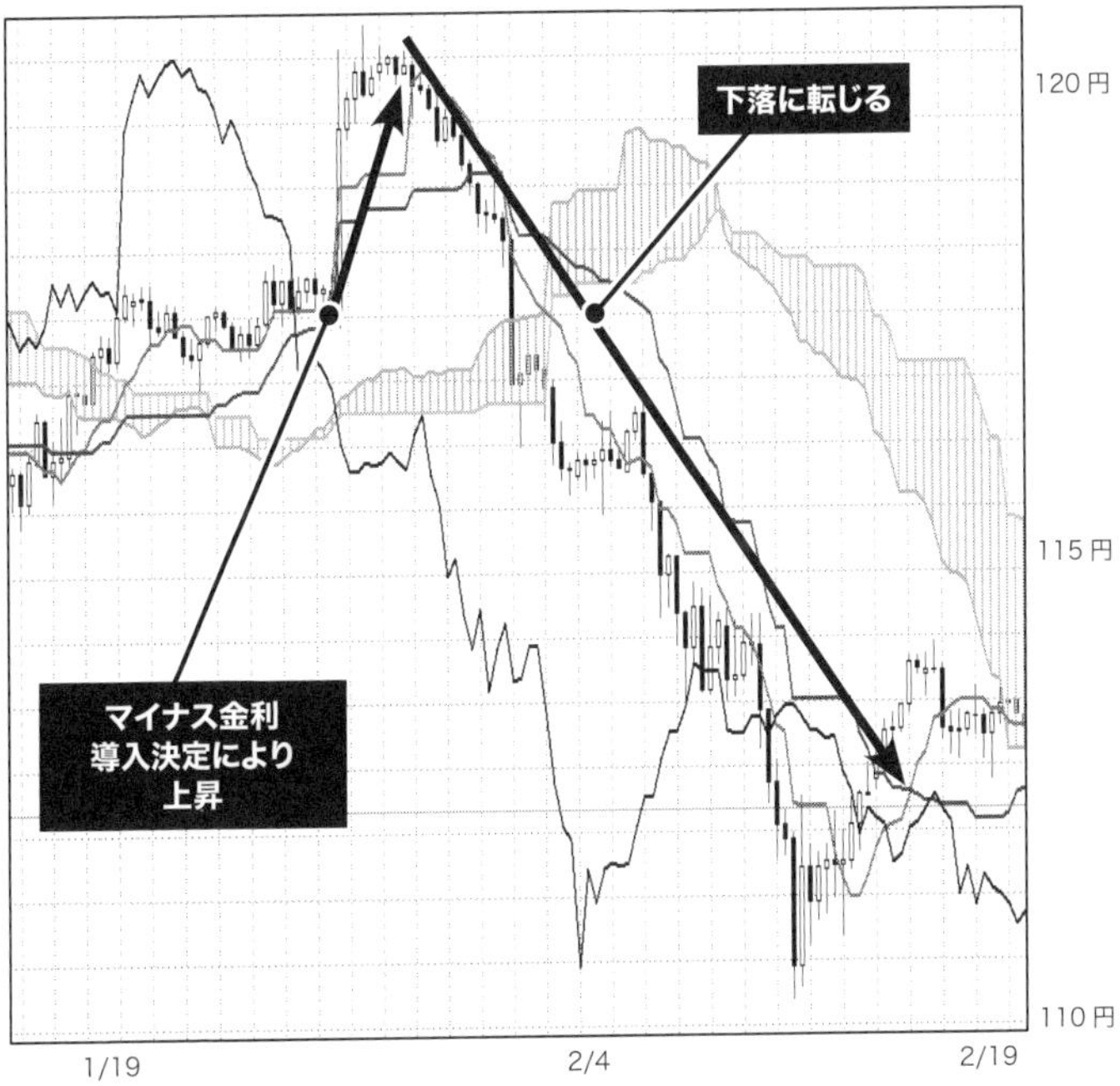

▶ **1月26日に日銀がマイナス金利の導入を発表したことで、急騰**

▶ **3営業日後には下落に転じた**

向山茂さんの考え方

1. 雲を下にブレイクしたので売りエントリー
2. 基準線をブレイクしたのでイグジット

マイナス金利発表時の動きは、上昇トレンド中に急騰しましたが、エントリーサインも出ていなかったのでトレードに影響はありませんでした。むしろ、その後の急落は雲を勢い良く突き抜ける強烈な下降トレンドだったので雲ブレイクを狙った手法がマッチしていました。トレンドの終わりまで捉えられたのでトレードがしやすい環境でした。

まとめ

トレンドの初動を狙う手法は一気に動く相場に対応できていた。

トレンドにうまく乗ることができました

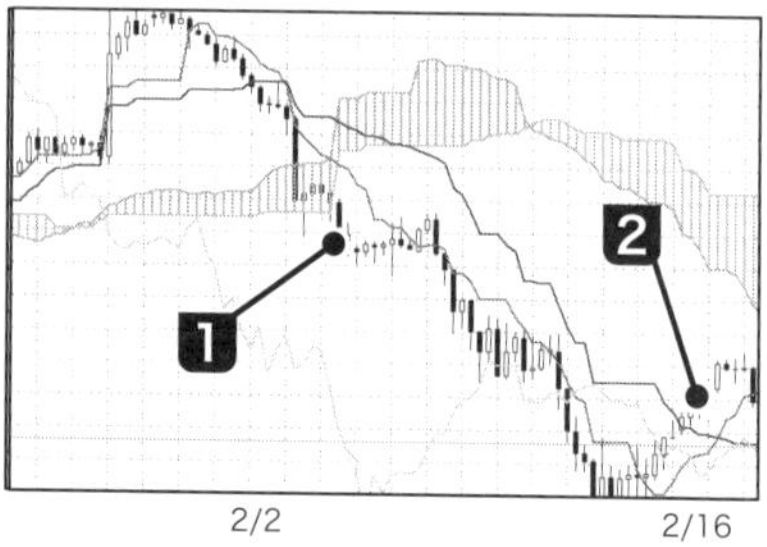
1
2
2/2
2/16

花輪拓馬さんの考え方

1. デッドクロスで売りエントリー
2. ゴールデンクロスでイグジット

値動きが激しすぎたのでMACDでは動きが追い付かず、エントリーしにくい状況でしたが、下降トレンドの中盤で売りサインが出たのでエントリーしました。この場合は利益が得られましたが、勢いが強いトレンドの場合はMACDによるサインは遅くなりがちなので、慎重にトレードする必要があります。リスクを抑えるなら急騰・急落時は避けるのも一つの手です。

まとめ

激しい値動き中は反応しにくいMACDは相場の動きについていけなかった。

MACDでは動きに
対応しきれません

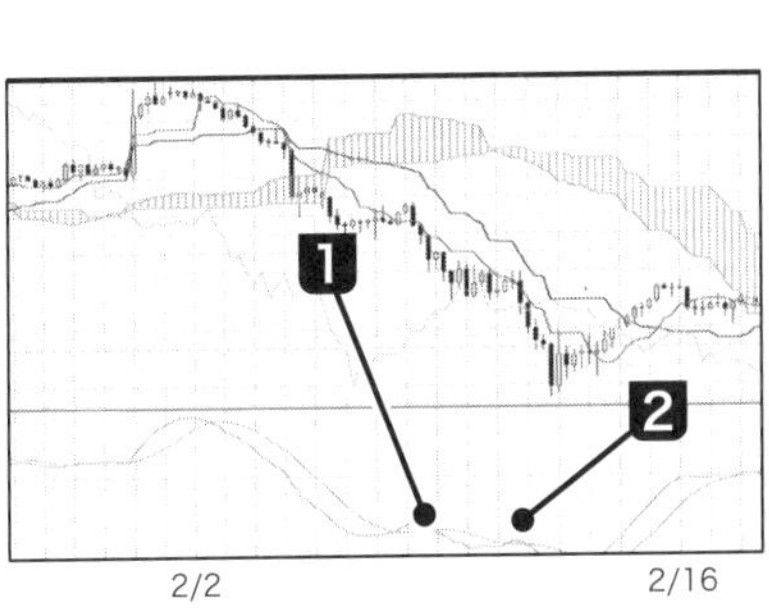
1
2
2/2
2/16

10 米大統領選による急変動

2016年11月9日の米大統領選では、当初劣勢と言われたトランプ陣営の優勢が伝えられる中で米ド」ル／日本円は大幅に下落しました。この動きはこれまでトランプリスクとして言われていた動きに沿ったものなので、ある程度は想定済みだったと言われています。

しかし、その後相場は一気に上昇。円安方向へと大きく動きました。

その勢いは続き、12月半ばごろまで米ドル／日本円の価格は大きく上昇しました。

2016年9月〜2017年3月

米ドル/日本円の日足チャート

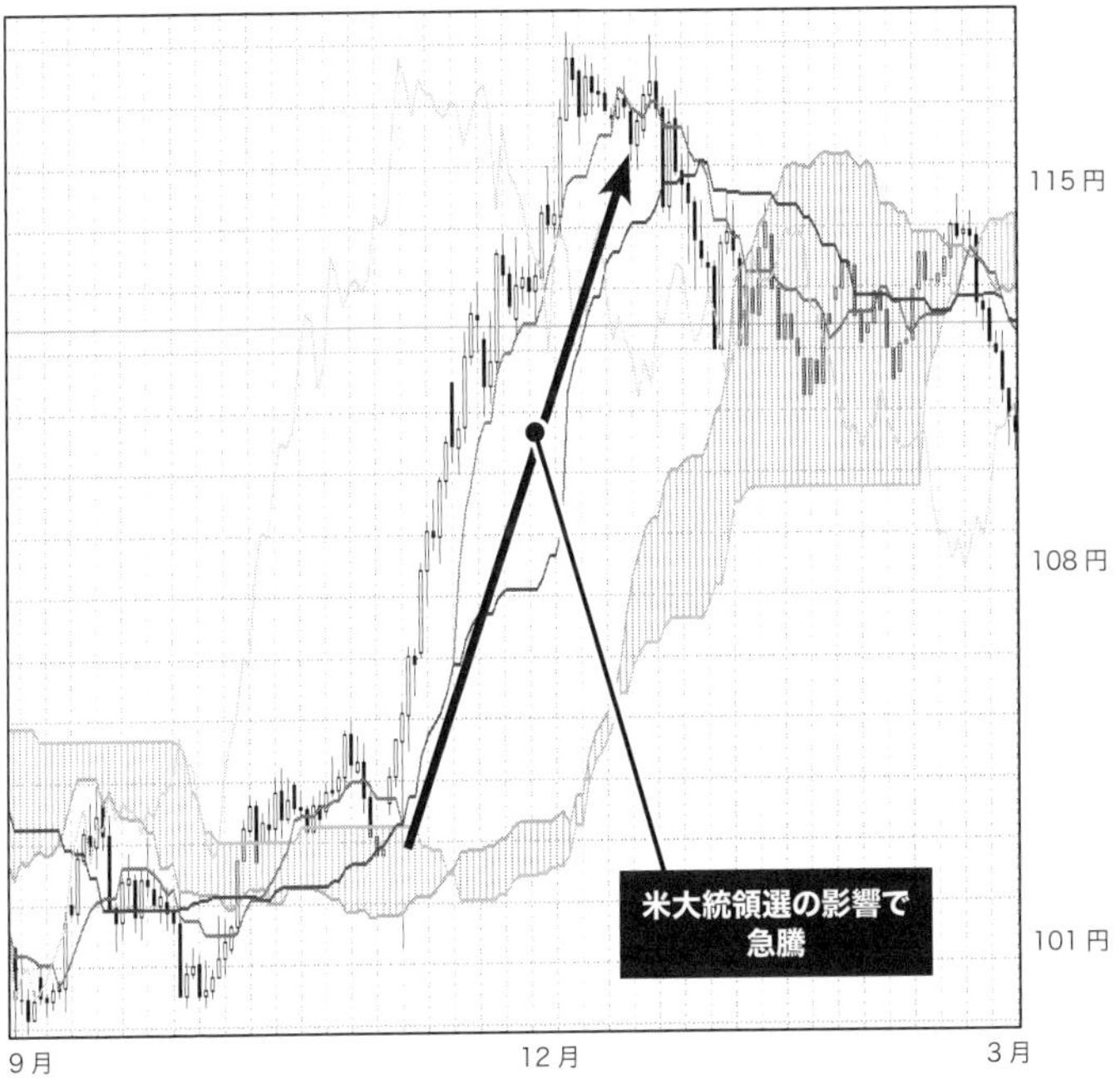

▶ドナルド・トランプ氏が優勢との情報で一時下落したが、その後急騰

花輪拓馬さんの考え方

1 ゴールデンクロスで買いエントリー

2 デッドクロスでイグジット

選挙中の下落後の急騰は予想外でしたが、ＭＡＣＤでサインが出ていたのでエントリーしました。急落の可能性も考えていたので慎重にチャートを見ていましたが、毎日高値を更新していたこともあり、エントリーから一週間後からは、気楽にチャートを見ていました。トランプ人気だけの動きだったので、トランプ大統領の言動に注意していました。

まとめ

タイミングよくエントリーでき、結果的に大きな利益になった。

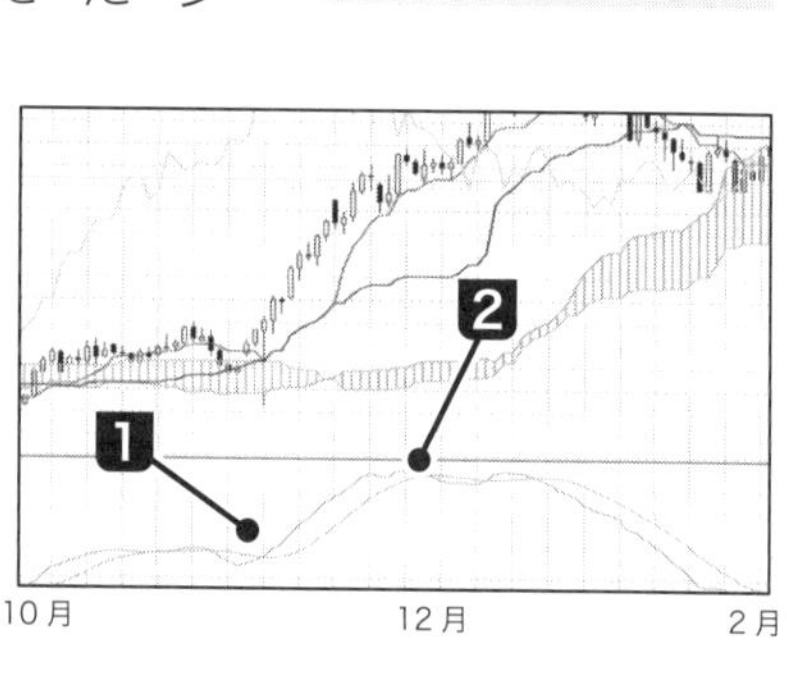

加藤淳也さんの考え方

1 トレードできない形のN波動が形成された

選挙前は細かい波動でトレードを行っていましたが、選挙後はほとんど一方的な動きでN波動が現れてもトレードできる状況ではありませんでした。こういった状況下では三大理論も含めテクニカルによる分析は不可能です。

また、トランプ人気による上昇なので、いつその人気がなくなり、リバウンドが発生するかわからない状況だったので、トレードが難しかったと思います。

まとめ

一方的な相場だったため、波動を確認できず、トレードできなかった。

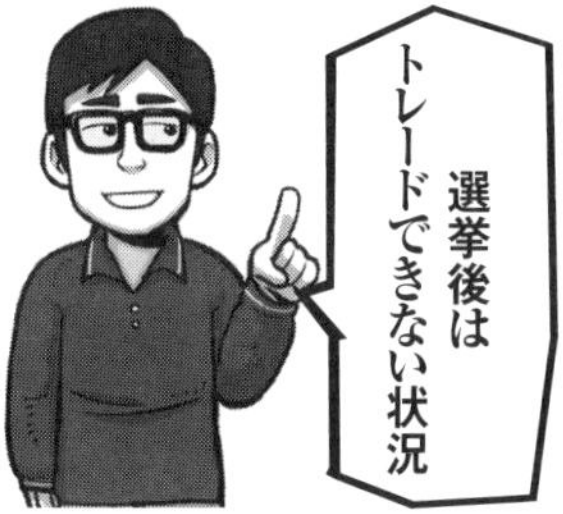

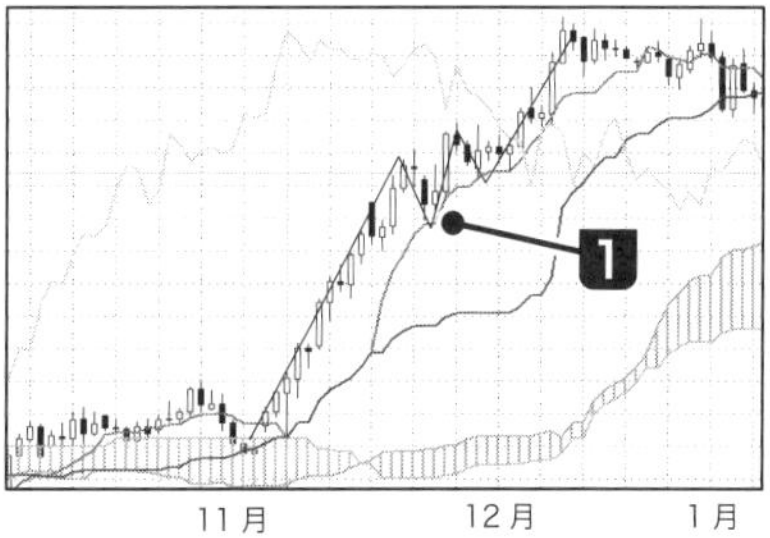

一目均衡表を使いこなせばFXはラクに稼げる！

2020年最新版

2020年1月31日　発行

執筆・インタビュー 柳生大穂（有限会社バウンド）

デザイン ili_design

イラスト 伊藤キイチ

DTP 有限会社バウンド

発行人 佐藤孔建

編集人 梅村俊広

発行・発売
〒160-0008 東京都新宿区四谷三栄町12-4
竹田ビル3F
TEL：03-6380-6132

印刷所 三松堂株式会社

●本書の内容についてのお問い合わせは、下記メールアドレスにて、書名、ページ数とどこの箇所かを明記の上、ご連絡ください。ご質問の内容によってはお答えできないものや返答に時間がかかってしまうものもあります。予めご了承ください。

●お電話での質問、本書の内容を超えるご質問などには一切お答えできませんので、予めご了承ください。

●落丁本、乱丁本など不良品については、小社営業部（TEL：03-6380-6132）までお願いします。

e-mail ： info@standards.co.jp

お読みください

●FXをはじめとした金融商品の運用はリスクを伴います。
製作、販売、および著者は投資の結果によるその正確性、完全性に関する責任を負いません。実際の投資はご自身の責任でご判断ください。